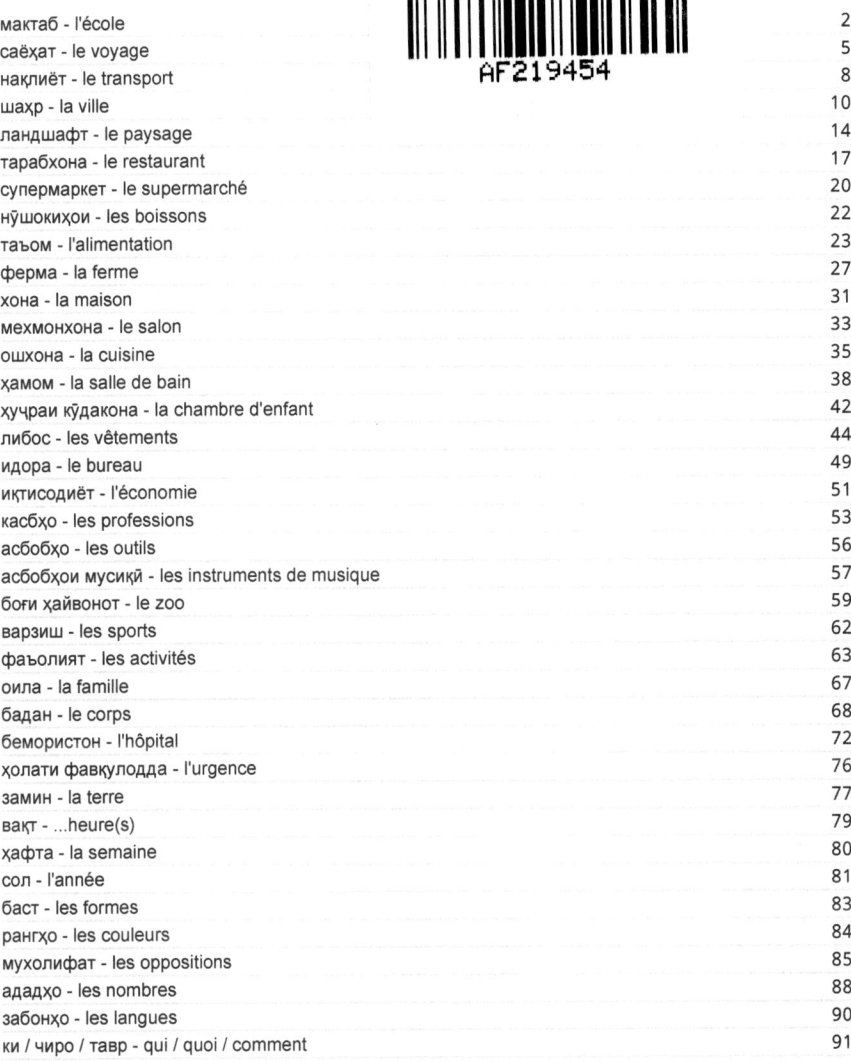

Impressum
Verlag: BABADADA GmbH, Nedderfeld 112 , 22529 Hamburg
Geschäftsführer / Verlagsleitung: Harald Hof
Druck: Books on Demand GmbH, In de Tarpen 42, 22848 Norderstedt

Imprint
Publisher: BABADADA GmbH, Nedderfeld 112 , 22529 Hamburg, Germany
Managing Director / Publishing direction: Harald Hof
Print: Books on Demand GmbH, In de Tarpen 42, 22848 Norderstedt

мактаб

l'école

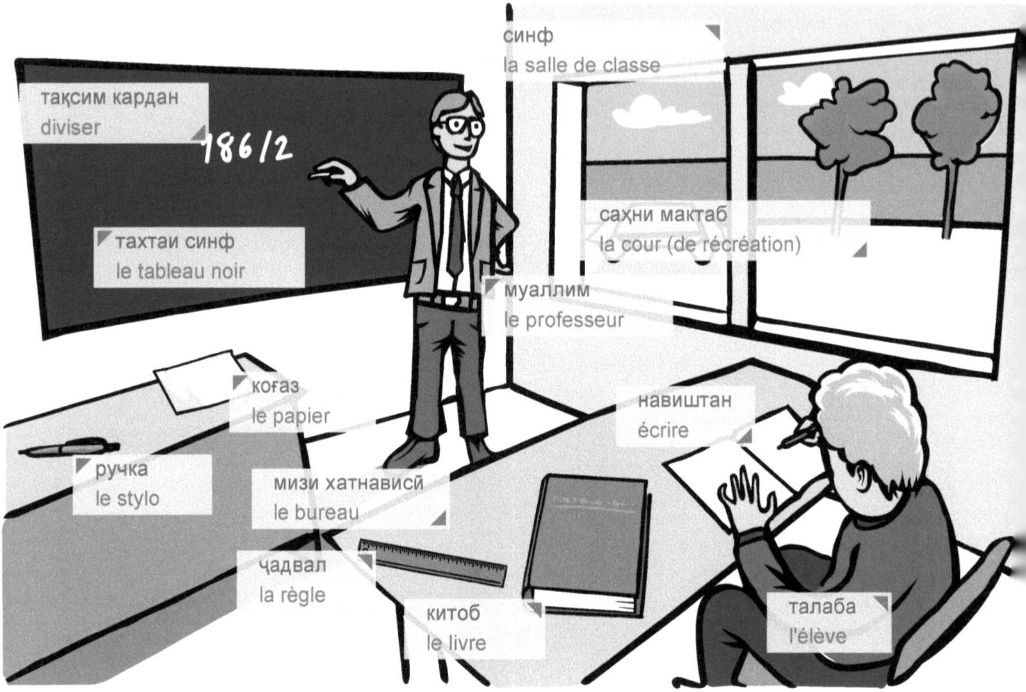

синф
la salle de classe
тақсим кардан
diviser
186/2
тахтаи синф
le tableau noir
саҳни мактаб
la cour (de récréation)
муаллим
le professeur
коғаз
le papier
навиштан
écrire
ручка
le stylo
мизи хатнависӣ
le bureau
ҷадвал
la règle
китоб
le livre
талаба
l'élève

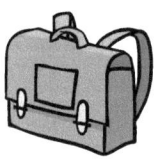

ҷузвдон

le cartable

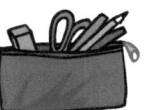

қаламдон

la trousse

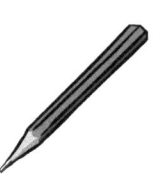

қалам

le crayon

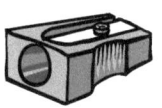

қаламтезкунак

le taille-crayon

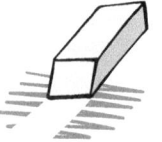

хаткуркунак

la gomme

блокноти расмкашӣ

le carnet à dessin

расм

le dessin

мӯқалами рассомӣ

le pinceau

қуттии рангхо

la boîte de peinture

қайчӣ

les ciseaux

ширеш

la colle

дафтари машқ

le cahier d'exercices

вазифаи хонагӣ

les devoirs

рақам

le chiffre

ҷамъ кардан

additionner

кам кардан

soustraire

зарб задан

multiplier

ҳисоб кардан

calculer

ҳарф

la lettre

алфавит

l'alphabet

калима

le mot

матн

le texte

хондан

lire

бӯр

la craie

дарс

la leçon

журнали синфӣ

le livre de classe

имтиҳон

l'examen

шаҳодатнома

le certificat

либоси мактабӣ

l'uniforme scolaire

таҳсил/маориф

la formation

энсиклопедия

le lexique

донишгоҳ

l'université

микроскоп (more frequently used)

le microscope

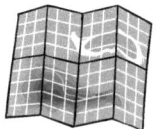

харита

la carte

сабади партофҳои коғазӣ

la corbeille à papier

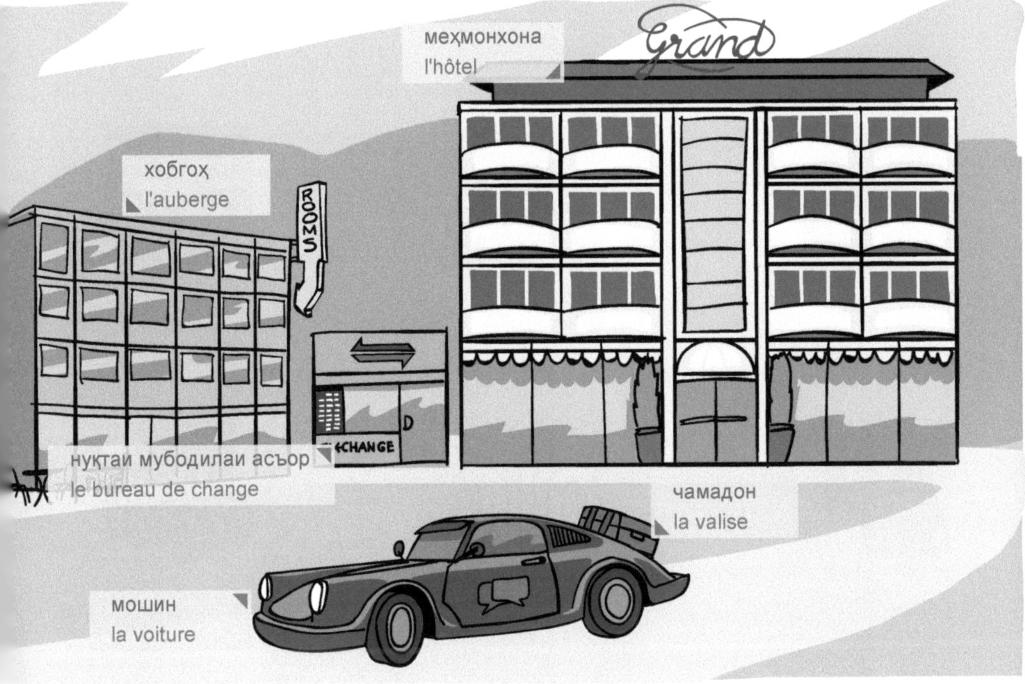

меҳмонхона
l'hôtel
Grand
хобгоҳ
l'auberge
ROOMS
EXCHANGE
нуқтаи мубодилаи асъор
le bureau de change
чамадон
la valise
мошин
la voiture

забон

la langue

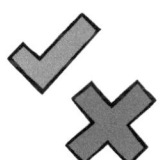

ҳа / не

oui / non

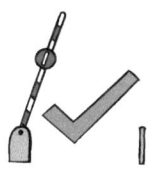

Хуб

d'accord

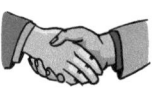

Ассалому алейкум

Salut

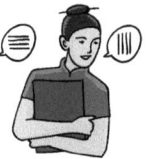

тарҷумон

l'interprète

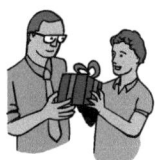

Раҳмат

merci

чй қадар аст ...?

Combien coûte...?

Ман намефаҳмам

Je ne comprends pas

проблема

le problème

шаб ба хайр!

Bonsoir !

субҳ ба хайр

Bonjour !

шаби хуш

Bonne nuit !

хайр

Au revoir

равона

la direction

бағоҷ

les bagages

чузвдон

le sac

борхалта

le sac-à-dos

меҳмон

l'hôte

хона

la pièce

хобхалта

le sac de couchage

хайма

la tente

маълумоти сайёҳӣ

l'office de tourisme

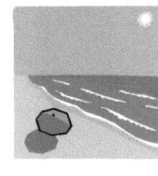

соҳил

la plage

корти кредитӣ

la carte de crédit

наҳорӣ

le petit-déjeuner

хӯроки пешин

le déjeuner

хӯроки шом

le dîner

чипта

le billet

лифт

l'ascenseur

марка

le timbre

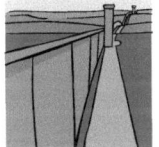

сарҳад

la frontière

Гумрук

la douane

сафорат

l'ambassade

раводид

le visa

шиносома

le passeport

нақлиёт
le transport

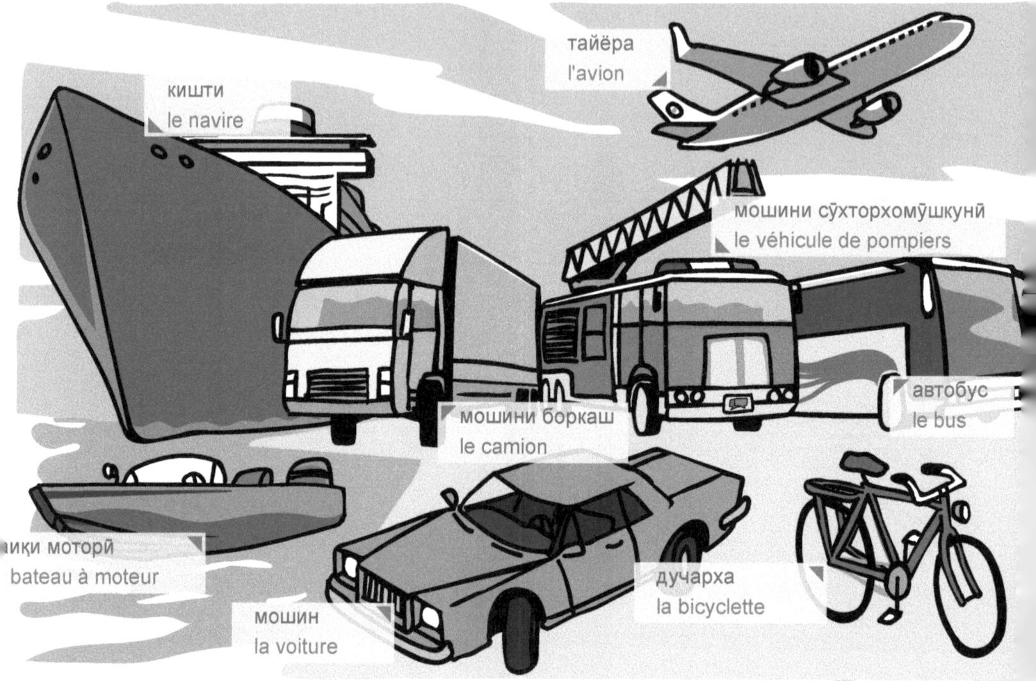

тайёра
l'avion
кишти
le navire
мошини сӯхторхомӯшкунӣ
le véhicule de pompiers
автобус
le bus
мошини боркаш
le camion
иқи моторӣ
bateau à moteur
дучарха
la bicyclette
мошин
la voiture

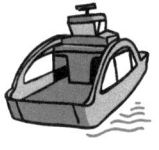

паром

le ferry

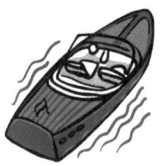

қаиқ

la barque

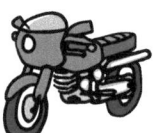

мотосикл

la moto

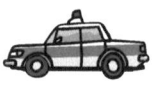

мошини полис

la voiture de police

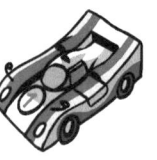

мошини тезрави пойгаи

la voiture de course

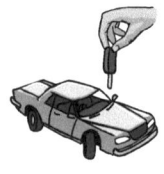

кирояи мошинҳо

la voiture de location

ҳамроҳ истифодабарии
мошин

l'auto-partage

эвакуатор

la voiture de remorquage

павтовчамъкунӣ

la benne à ordures

муҳаррик

le moteur

сӯзишворӣ

l'essence

нуқтаи фурӯши сӯзишворӣ

la station d'essence

аломати роҳ

le panneau indicateur

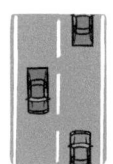

ҳаракат

le trafic

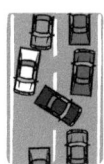

бандшавии ҳаракати роҳ

l'embouteillage

ҷои исти мошинҳо

le parking

истгоҳи роҳи оҳан

la gare

роҳи оҳан

les rails

қатора

le train

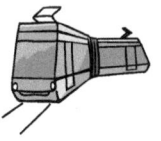

тамвай

le tramway

вагон

le wagon

чархбол

l'hélicoptère

фурудгоҳ

l'aéroport

манора

la tour

мусофир

le passager

контейнер

le conteneur

щутии картонӣ

le carton

ароба

le chariot

сабад

la corbeille

гирифтан / замин

décoller / atterrir

шаҳр

la ville

деҳа

le village

маркази шаҳр

le centre-ville

хона

la maison

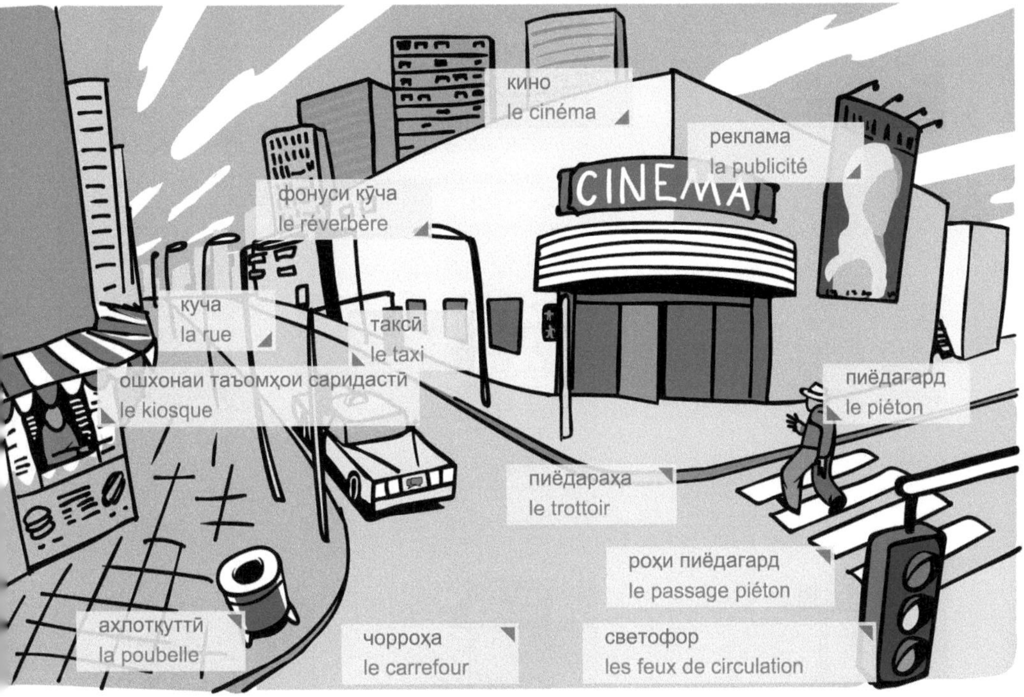

кино
le cinéma
реклама
la publicité
CINEMA
фонуси кӯча
le réverbère
куча
la rue
таксӣ
le taxi
ошхонаи таъомҳои саридастӣ
le kiosque
пиёдагард
le piéton
пиёдараҳа
le trottoir
роҳи пиёдагард
le passage piéton
ахлотқуттӣ
la poubelle
чорроҳа
le carrefour
светофор
les feux de circulation

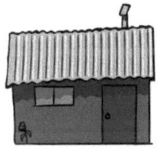

кулба

la cabane

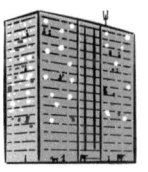

ҳамвор

l'appartement

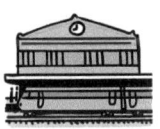

истгоҳи роҳи оҳан

la gare

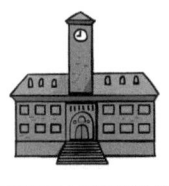

инои маъмурияти шаҳр

la mairie

MUSEUM

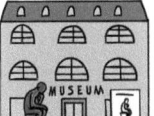

осорхона

le musée

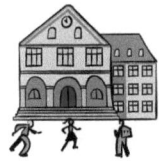

мактаб

l'école

донишгоҳ

l'université

бонк

la banque

бемористон

l'hôpital

меҳмонхона

l'hôtel

доухона

la pharmacie

идора

le bureau

сехи китоб

la librairie

сехи

le magasin

мағозаи гулфурӯшӣ

le fleuriste

супермаркет

le supermarché

бозор

le marché

универмаг

le grand magasin

мағозаи моҳифурӯшӣ

la poissonnerie

маркази савдо

le centre commercial

бандар

le port

парк
le parc

бонк
la banque

пул
le pont

зинапоя
les escaliers

метро
le métro

нақби
le tunnel

истгоҳи автобус
l'arrêt de bus

бар
le bar

тарабхона
le restaurant

қуттии почта
la boîte à lettres

аломати номи кӯчаҳо
le panneau indicateur

ҳисобкунаки исти мошинҳо
le parcmètre

боғи ҳайвонот
le zoo

ҳавзи шиноварӣ
le réverbère

масҷид
la mosquée

ферма

la ferme

ифлоскунӣ

la pollution

қабристон

la cimetière

калисо

l'église

майдончаи бозӣ

l'aire de jeux

маъбад

le temple

ландшафт
le paysage

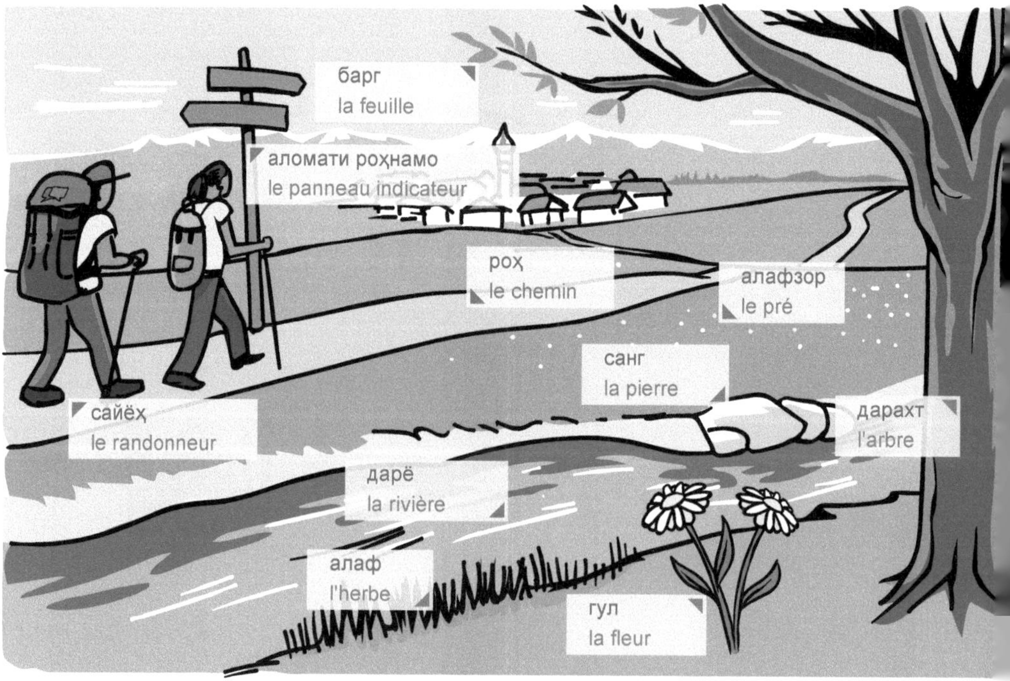

барг
la feuille

аломати роҳнамо
le panneau indicateur

роҳ
le chemin

алафзор
le pré

санг
la pierre

дарахт
l'arbre

сайёҳ
le randonneur

дарё
la rivière

алаф
l'herbe

гул
la fleur

водй

la vallée

кӯҳ

la montagne

кул

le lac

беша

la forêt

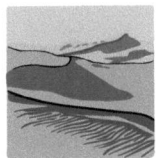

биёбон

le désert

вулкан

le volcan

қалъа

le château

рангинкамон

l'arc-en-ciel

занбӯруғ

le champignon

дарати нахл

le palmier

хомӯшак

le moustique

паридан

la mouche

мурча

les fourmis

занбур

l'abeille

тортанак

l'araignée

гамбӯсак

le coléoptère

қурбоққа

la grenouille

санҷоб

l'écureuil

хорпушт

le hérisson

харгӯш

le lièvre

бум

la chouette

парранда

l'oiseau

мурғи қу

le cygne

хуки ваҳшй

le sanglier

оху

le cerf

гавазн

l'élan

сарбанд

le barrage

турбина шамол

l'éolienne

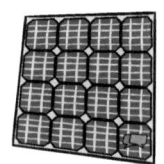

панел офтобй

le panneau solaire

иқлим

le climat

тарабхона
le restaurant

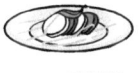

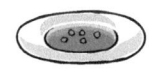

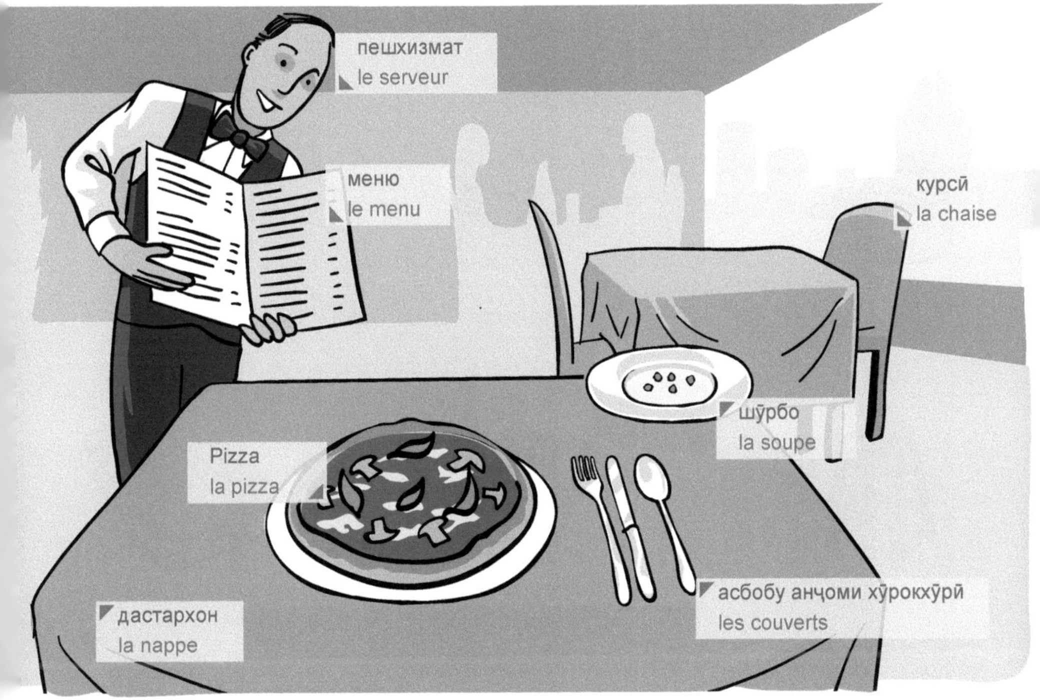

пешхизмат
le serveur
меню
le menu
курсӣ
la chaise
шӯрбо
la soupe
Pizza
la pizza
асбобу анҷоми хӯрокхӯрӣ
les couverts
дастархон
la nappe

стартер/корандоз

les hors d'œuvre

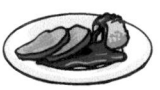

хӯроки асосӣ

le plat principal

десерт

le dessert

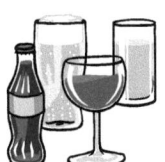

нӯшокиҳои

les boissons

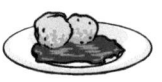

таъом

l'alimentation

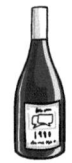

шиша

la bouteille

Хӯроки Тез Таёр мешуда

le fast-food

хӯроки кӯчагӣ

les plats à emporter

чойник

la théière

шакардон

le sucrier

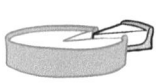

қисм/порча

la portion

мошини espresso

la machine à expresso

курсии кӯдакона

la chaise haute

ҳисоб

la facture

зарфмонак

le plateau

корд

le couteau

чангол

la fourchette

қошуқ

la cuillère

қошуқча

la cuillère à thé

сачоқи қоғазӣ

la serviette

истакон

le verre

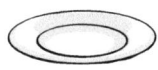

табақча

l'assiette

косача

l'assiette à soupe

тақсимча

la soucoupe

соус

la sauce

намакдон

la salière

мурчдон

le moulin à poivre

сирко

le vinaigre

равғани растанй

l'huile

приправа

les épices

кетчуп

le ketchup

хардал

la moutarde

майонез

la mayonnaise

супермаркет
le supermarché

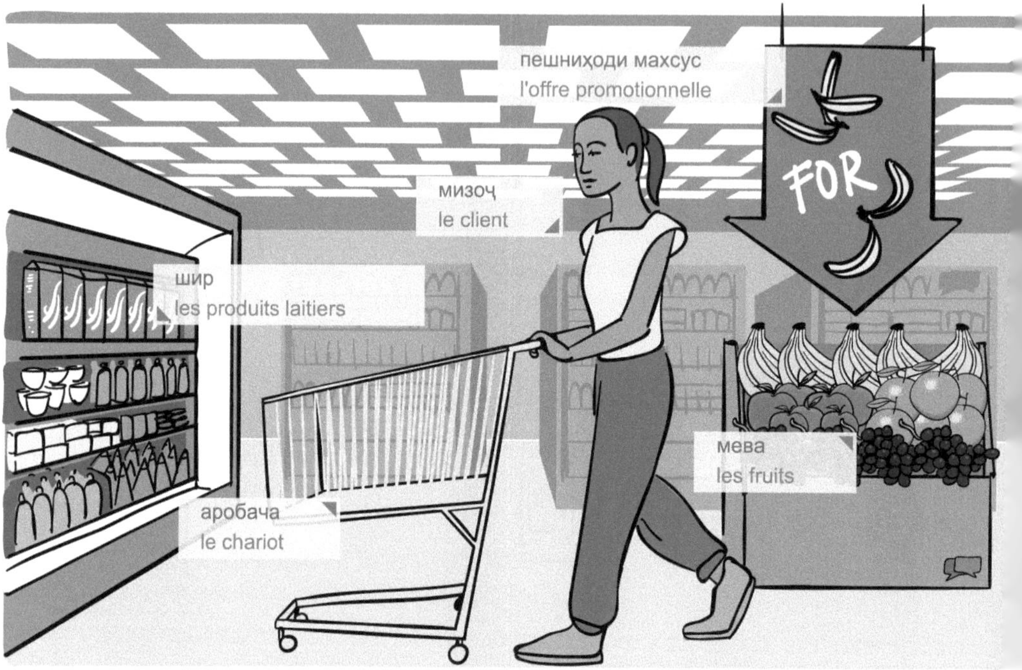

пешниҳоди махсус
l'offre promotionnelle
FOR
мизоҷ
le client
шир
les produits laitiers
мева
les fruits
аробача
le chariot

BUTCHERS

дукони гӯштфурӯшӣ

la boucherie

BAKERY

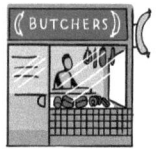

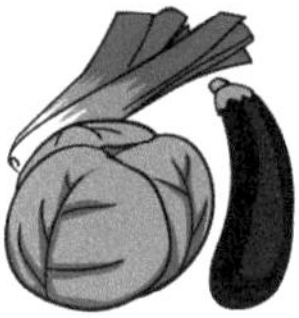

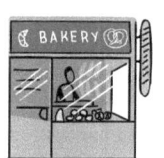

дукони нонфурӯшӣ

la boulangerie

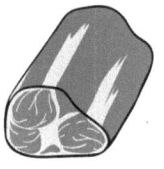

баркашидан

peser

сабзавот

les légumes

гӯшт

la viande

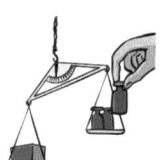

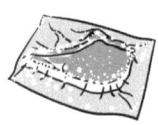

хӯроки яхбаста

les aliments surgelés

тилимҳои борик буридаи гушт

la charcuterie

озуќаворӣ консервонидашуда

les conserves

хокаи либосшӯй

la poudre à lessive

ширинӣ

les bonbons

асбоби рӯзгор

les articles ménagers

воситаҳои тозакунанда

les détergents

фурӯшанда

la vendeuse

касса

la caisse

кассир

le caissier

рӯйхати харидкунӣ

la liste d'achats

соат ифтитоҳи

les heures d'ouverture

ҳамён

le portefeuille

корти кредитӣ

la carte de crédit

чуздо

le sac

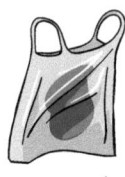

пакет

le sac en plastique

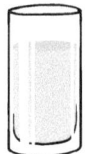

об

l'eau

шарбат

le jus de fruit

шир

le lait

кола

le coca

шароб

le vin

оби ҷав

la bière

машрубот

l'alcool

какао

le chocolat chaud

чой

le thé

қаҳва

le café

эспрессо

l'expresso

каппучино

le cappuccino

банан

la banane

себ

la pomme

норанчӣ

l'orange

харбуза

le melon

лимӯ

le citron.

сабзӣ

la carotte

сир

l'ail

бамбук

le bambou

пиёз

l'oignon

занбӯруғ

le champignon

чормағз

les noisettes

угро

les pâtes

спагеттӣ

les spaghetti

биринҷ

le riz

салат

la salade

картошкаи қоқак

les pommes frites

картошкабирён

les pommes de terre rôties

Pizza

la pizza

гамбургер

le hamburger

бутербурод

le sandwich

шнитсел

l'escalope

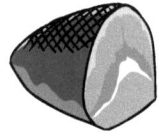

гӯшти намакардаи хук

le jambon

ҳасиби салямӣ

le salami

ҳасиб

la saucisse

мурғ

le poulet

кабоб

le rôti

моҳӣ

le poisson

ярмаи ҷав

les flocons d'avoine

омехтаи ғалладонагӣ

le muesli

ярмаи ҷувоҳримакка

les cornflakes

орд

la farine

кулчақанд

le croissant

кулчақанд

les petits-pains

нон

le pain

як порча нони бирён

le pain grillé

кулчачаҳои қандин

les biscuits

маска

le beurre

творог

le fromage blanc

пирог

le gâteau

тухм

l'œuf

тухм бирён

l'œuf au plat

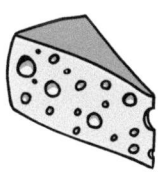

панир

le fromage

яхмос

la glace

шакар

le sucre

асал

le miel

мураббо

la confiture

хамираи ҳалво

la crème nougat

Curry

le curry

ферма
la ferme

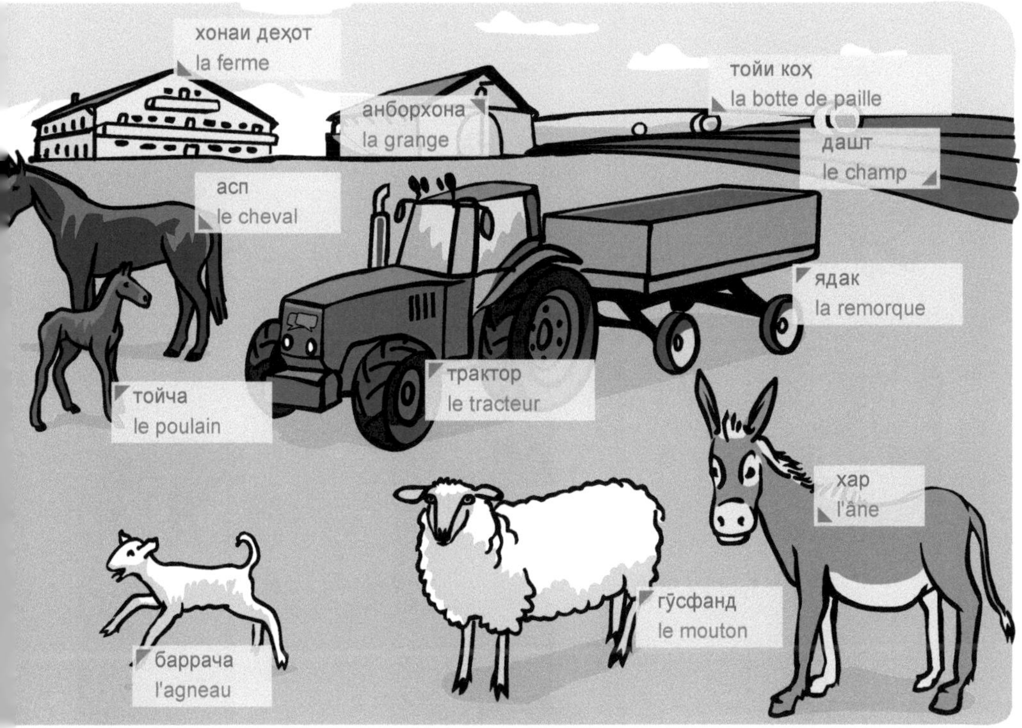

хонаи деҳот
la ferme
анборхона
la grange
тойи коҳ
la botte de paille
дашт
le champ
асп
le cheval
ядак
la remorque
трактор
le tracteur
тойча
le poulain
хар
l'âne
гӯсфанд
le mouton
баррача
l'agneau

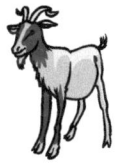

буз
la chèvre

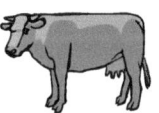

гов
la vache

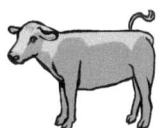

гӯсола
le veau

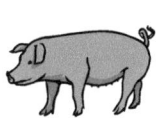

хук
le porc

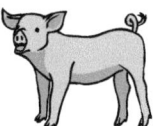

хукча
le porcelet

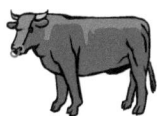

буққа
le taureau

қоз

l'oie

мурғобӣ

le canard

чӯча

le poussin

мурғ

la poule

хурӯс

le coq

каламуш

le rat

гурба

le chat

муш

la souris

барзагов

le bœuf

саг

le chien

хоначаи саг

le chenil

рӯдаи резинӣ

le tuyau de jardin

камобӣ метавонад

l'arrosoir

дос

la faucheuse

сипори шудгоркунии замин

la charrue

ферма - la ferme

доси

la faucille

каланд

la pioche

панҷшоха

la fourche

табар

la hache

ароба

la brouette

охур

la cuve

зарфи ширгирй

le pot à lait

халта

le sac

девор

la clôture

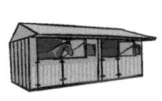

мӯътадил

l'étable

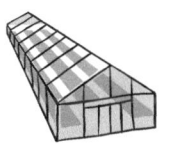

гармхона

le serre

хок

le sol

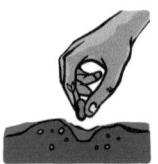

тухмй

les semences

нуриҳо

l'engrais

комбайни ғаллағундорй

la moissonneuse-batteuse

ферма - la ferme

хосил
....
récolter

хосил
....
la récolte

yams
....
l'igname

гандум
....
le blé

лубиж
....
le soja

картошка
....
la pomme de terre

чуворй
....
le maïs

донаи маъсар
....
le colza

дарахти мева
....
l'arbre fruitier

manioc
....
le manioc

ғалладона
....
les céréales

хона

la maison

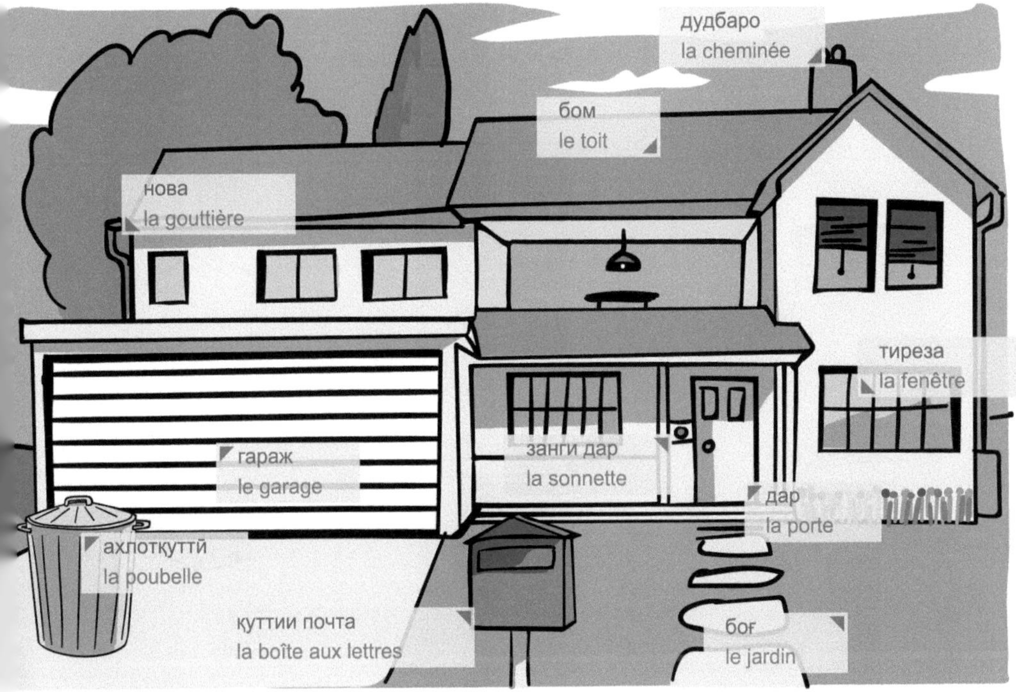

дудбаро
la cheminée
бом
le toit
нова
la gouttière
тиреза
la fenêtre
гараж
le garage
занги дар
la sonnette
дар
la porte
ахлотқуттӣ
la poubelle
қуттии почта
la boîte aux lettres
боғ
le jardin

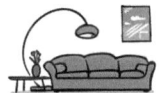

мехмонхона

le salon

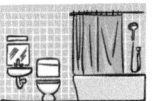

ҳамом

la salle de bain

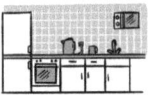

ошхона

la cuisine

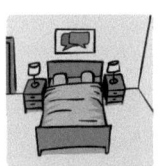

хонаи хоб

la chambre à coucher

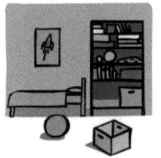

ҳуҷраи кӯдакона

la chambre d'enfant

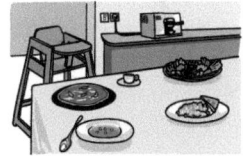

ошхона

la salle à manger

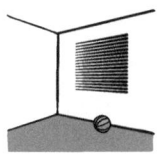

ошёна

le sol

девор

le mur

шифт

le plafond

тагзаминӣ

la cave

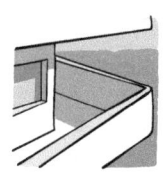

сауна

le sauna

балкон

le balcon

суфача

la terrasse

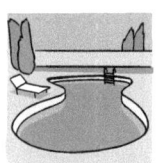

ҳавз

la piscine

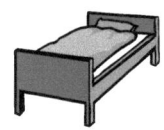

мошини алафдарав

la tondeuse à gazon

варақ

la housse

кампал

la couette

кат

le lit

чорӯб

le balai

сатил

le sceau

калид

l'interrupteur

мехмонхона
le salon

зардеворӣ
le papier peint
расм
l'image
лампа
la lampe
рафи китобмонӣ
l'étagère
ҷевони зарфҳо
l'armoire
телевизор
la télé
оташдон
la cheminée
гул
la fleur
болишт
le coussin
диван
le sofa
гулдон
le vase
пулт
la télécommande

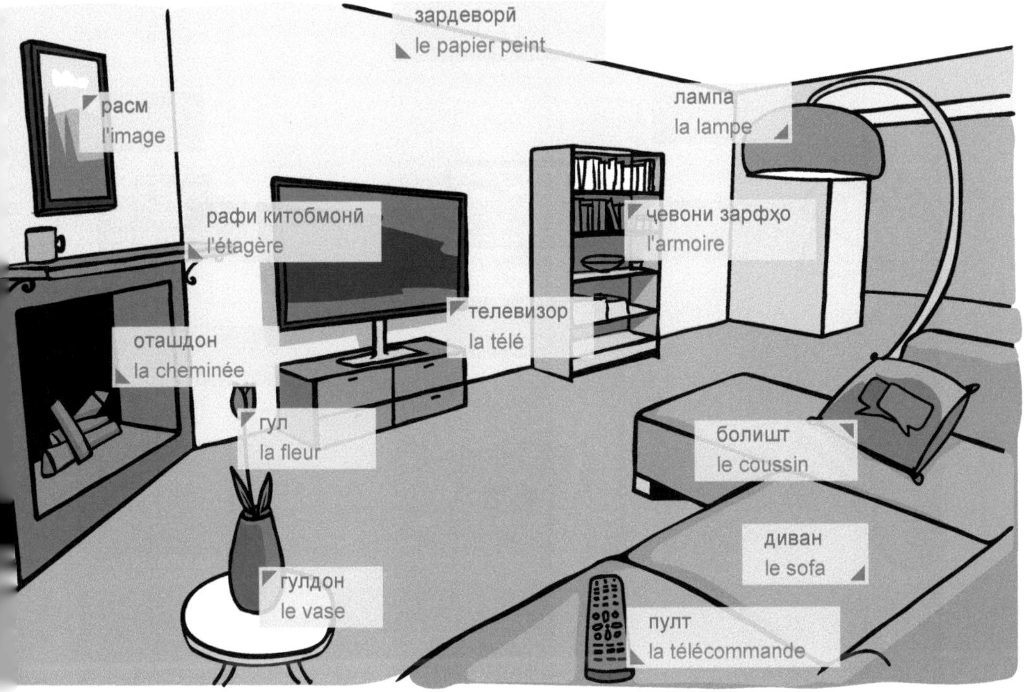

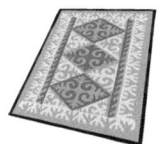

қолин

le tapis

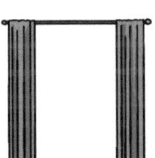

парда

le rideau

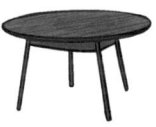

мизи

la table

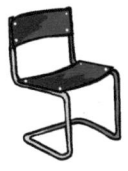

курсӣ

la chaise

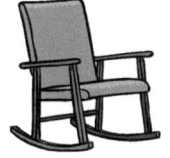

rocking кафедраи

la chaise à bascule

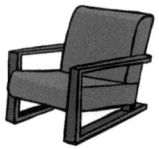

курсӣ

le fauteuil

китоб

le livre

курпа

la couverture

ороиш

la décoration

ҳезум

le bois de chauffage

филм

le film

дастгоҳи hi-fi

la chaîne hi-fi

калид

la clé

рӯзнома

le journal

расм

la peinture

эълон

le poster

радио

la radio

китобчаи қайдҳо

le bloc-notes

чангкашак

l'aspirateur

кактус

le cactus

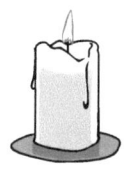

шам

la bougie

ошхона
la cuisine

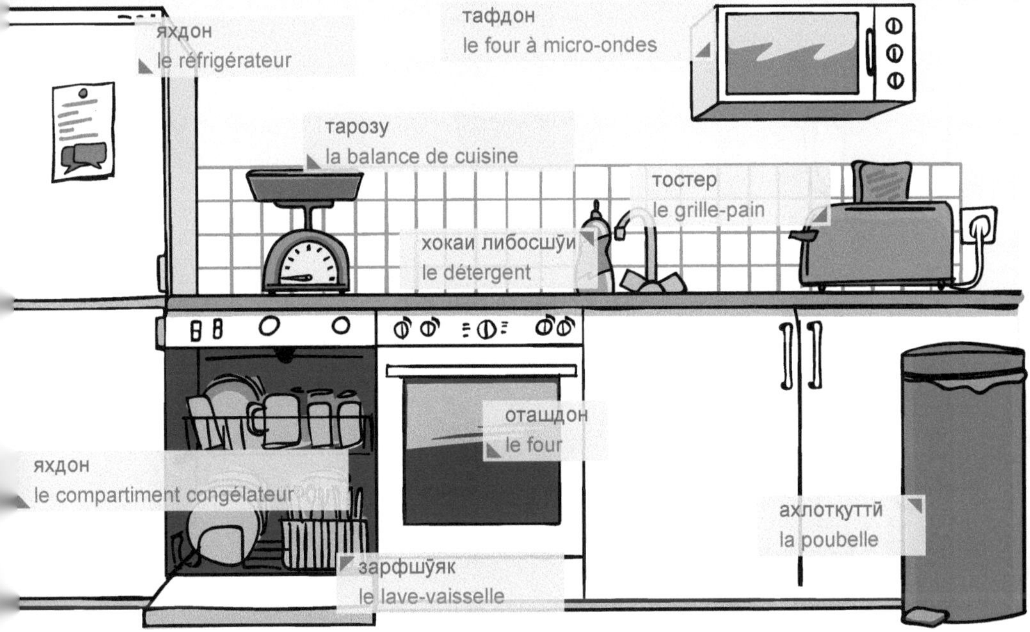

яхдон
le réfrigérateur
тафдон
le four à micro-ondes
тарозу
la balance de cuisine
тостер
le grille-pain
хокаи либосшӯӣ
le détergent
оташдон
le four
яхдон
le compartiment congélateur
ахлотқуттӣ
la poubelle
зарфшӯяк
le lave-vaisselle

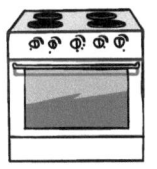

плита

le four

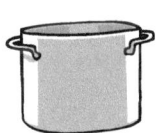

тубак

la casserole

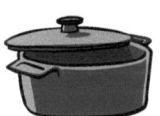

дег

la marmite

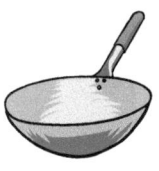

дег / кадӣ

le wok / kadai

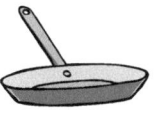

тоба

la poêle

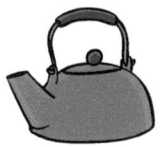

чойник

la bouilloire electrique

steamer

le cuiseur vapeur

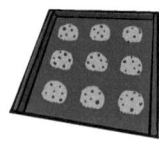

лист

la plaque de cuisson

зарф

la vaisselle

кружка

le gobelet

коса

la coupe

чубаки хурокхӯрй

les baguettes

кафлези

la louche

кафлези ҳамвор

la spatule

whisk

le fouet

strainer

la passoire

элак

le tamis

турбтарошак

la râpe

миномет

le mortier

Кабоб Кардан

le barbecue

оташ кушод

la cheminée

тахтаи резакунӣ

la planche à découper

чӯба

le rouleau à pâtisserie

пӯккашак

le tire-bouchon

банка

la boîte

консервокушояк

l'ouvre-boîte

дастак

les maniques

дастшӯяк

le lavabo

чӯтка

la brosse

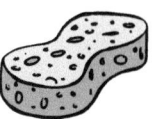

исфанҷ

l'éponge

блендер

le mixeur

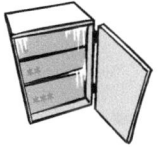

сармодон

le congélateur

шишача

le biberon

чумак

le robinet

ҳамом

la salle de bain

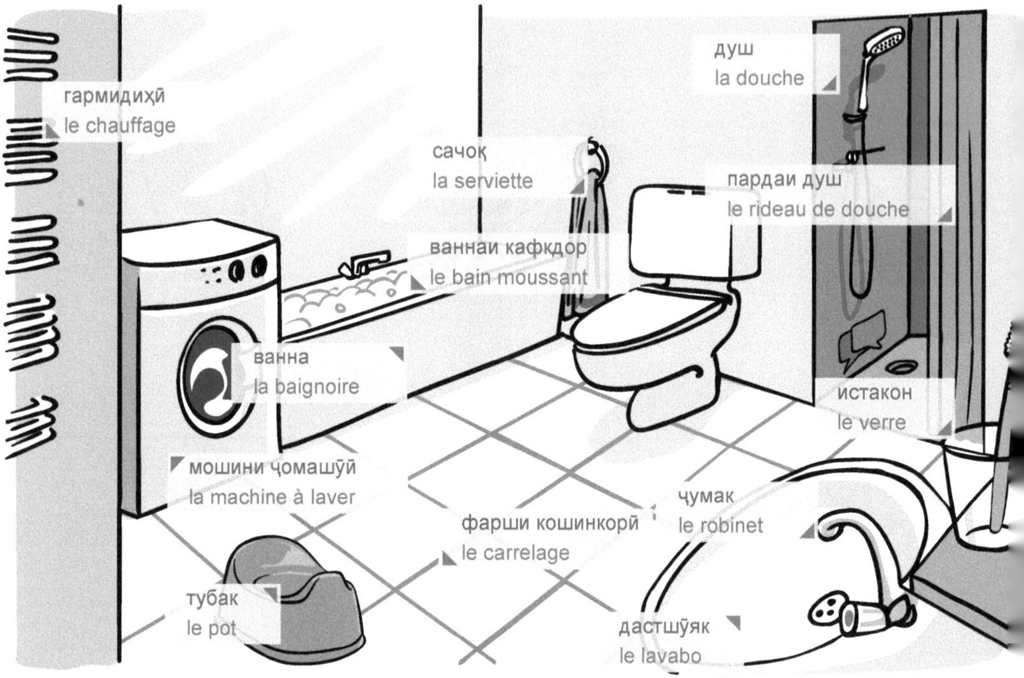

гармидиҳӣ
le chauffage
душ
la douche
сачоқ
la serviette
пардаи душ
le rideau de douche
ваннаи кафкдор
le bain moussant
ванна
la baignoire
истакон
le verre
мошини ҷомашӯӣ
la machine à laver
чумак
le robinet
фарши кошинкорӣ
le carrelage
тубак
le pot
дастшӯяк
le lavabo

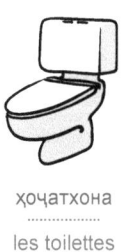

ҳоҷатхона

les toilettes

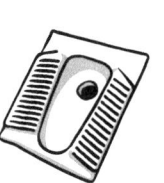

нишастгоҳи халоҷои рӯйфаршӣ

la toilette à la turque

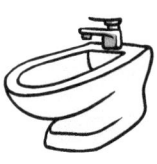

биде

le bidet

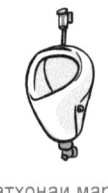

ҳоҷатхонаи мардона

l'urinoir

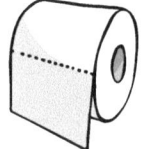

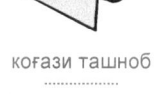

коғази ташноб

le papier toilette

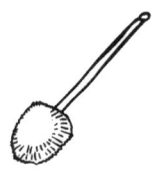

чӯткаи ҳоҷатхона

la brosse à toilette

дандоншӯяк

la brosse à dents

хамираи дандоншӯи

le dentifrice

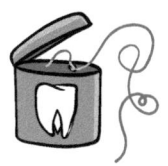

риштаи дандонтозакунӣ

le fil dentaire

шӯстан

laver

души дастӣ

la douche manuelle

обшӯӣ

la douche intime

ҳавза

la vasque

шона кардани мӯй

la brosse dorsale

собун

le savon

гел барои душ

le gel douche

шампун

le shampooing

бумазӣ

le gant de toilette

заҳкаш

l'écoulement

крем

la crème

дезодорант

le déodorant

оина

le miroir

оинаи дастӣ

le miroir cosmétique

риштарошаки барқи

le rasoir

кафк барои риштарошӣ

la mousse à raser

оби мушкини баъди риштарошӣ

l'après-rasage

шона

la peigne

чӯтка

la brosse

мӯйхушкунак

le sèche-cheveux

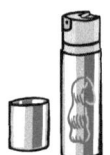

лак барои мӯй

la laque pour cheveux

косметика

le fond de teint

лабсурхкунак

le rouge à lèvres

лок барои нохун

le vernis à ongles

пахта

l'ouate

қайчии нохунгирӣ

le coupe-ongles

атриёт

le parfum

чузвдони косметики

la trousse de toilette

қазои ҳоҷат

le tabouret

тарозу

le pèse-personne

хилъат

le peignoir

дастпӯшак резина

les gants de nettoyage

тампон

le tampon

дастмоли санитарй

es serviettes hygiéniques

био-ҳоҷатхона

la toilette chimique

ҳамом - la salle de bain

ҳуҷраи кӯдакона

la chambre d'enfant

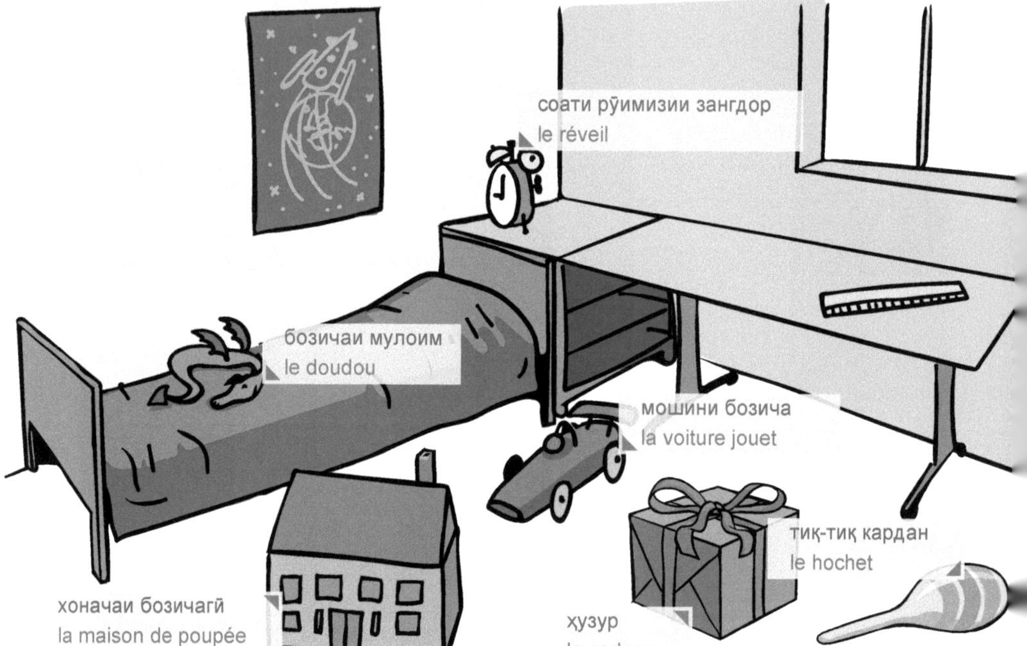
соати рӯимизии зангдор
le réveil
бозичаи мулоим
le doudou
мошини бозича
la voiture jouet
тиқ-тиқ кардан
le hochet
хоначаи бозичагӣ
la maison de poupée
ҳузур
le cadeau

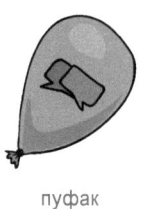

пуфак

le ballon

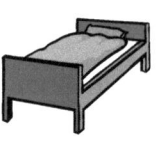

кат

le lit

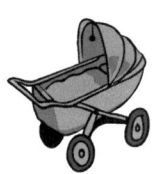

аробочаи кудакона

la poussette

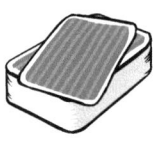

маҷмӯи кортҳо

le jeu de cartes

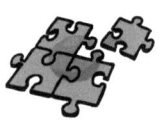

бозии муамоёбӣ

le puzzle

SUPER MEGA

комикс

la bande dessinée

хиштҳои лего

les pièces lego

мағозаи бозичафурӯхтан

les blocs de construction

рақам амал

la figurine

либоси ғаваккашӣ

la grenouillère

фрисби

le frisbee

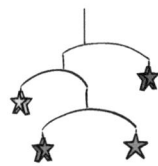

мобилӣ

le mobile

лавҳачаи бозӣ

le jeu de société

кубик

le dé

маҷмӯи модели қатора

le train miniature

пистонак

la sucette

ҳизб

la fête

китоби расм

le livre d'images

тӯб

la balle

лӯхтак

la poupée

бози кардан

jouer

куттии рег

le bac à sable

арғунчак

la balançoire

бозича

les jouets

консоли бозиҳои видеой

la console de jeu

велосипеди сечарха

le tricycle

хирсаки бахмалии патдор

l'ours en peluche

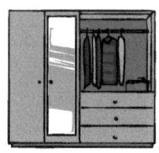

чевон

l'armoire

либос

les vêtements

чуроб

les chaussettes

чуроби соқбаланд

les bas

колготки

le collant

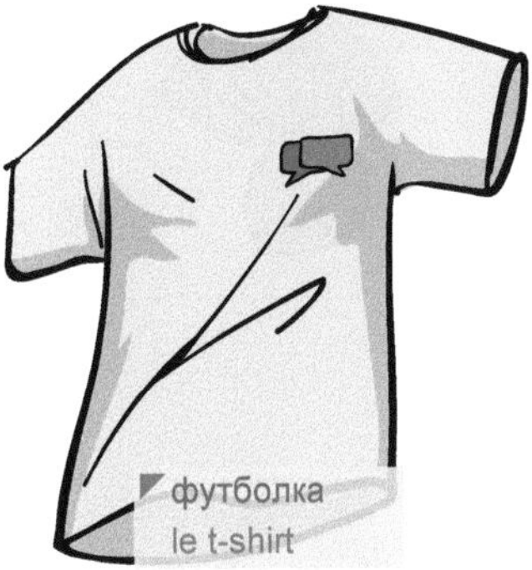

гарданпеч
l'écharpe

тасма
la ceinture

чатр
le parapluie

футболка
le t-shirt

кроссовки
les baskets

пойафзол
les bottes

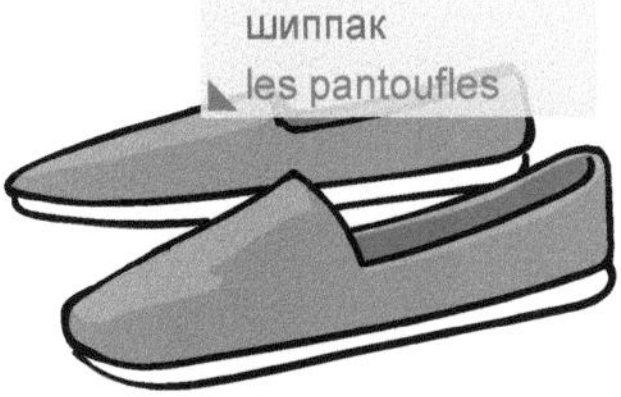

шиппак
les pantoufles

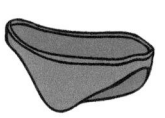

босоножкй
les sandales

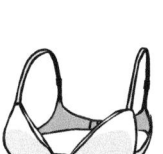

пойафзол
les chaussures

музаи резинй
les bottes de caoutchouc

турсй
les sous-vêtements

синабанд
le soutien-gorge

майка
le maillot de corps

либос - les vêtements

бадан

le body

шим

le pantalon

чинс

le jean

юбка

la jupe

куртаи нимтаи занона

le chemisier

курта

la chemise

свитер

le pull

свитер

le sweat à capuche

пичак

la veste

нимтана

la veste

палто

le manteau

плаш

l'imperméable

костюм

le costume

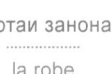

куртаи занона

la robe

либос тӯйи

la robe de mariée

костюм

le costume

куртаи хоб

la chemise de nuit

пижама

le pyjama

Сари

le sari

рӯймол

le foulard

салла

le turban

ниқобу

la burqa

кафтан

le caftan

абая

l'abaya

либоси обозӣ

le maillot de bain

эзорчаи шиноварии мардона

le maillot de bain

шорти

le short

либоси варзишӣ

a tenue d'entraînement

пешбанд

le tablier

дастпӯшак

les gants

тугма

le bouton

айнак

les lunettes

дастпона

le bracelet

гарданбанд

le collier

ангуштарин

la bague

гӯшвора

la boucle d'oreille

кулоҳ

le bonnet

либосовезак

le cintre

кулоҳ

le chapeau

галстук

la cravate

занҷирак

la fermeture éclair

тоскулоҳ

le casque

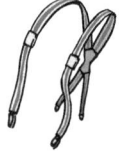

шимбардор

les bretelles

либоси мактабӣ

l'uniforme scolaire

либоси

l'uniforme

пешгир

le bavoir

пистонак

la sucette

подгузник

la lange

идора

le bureau

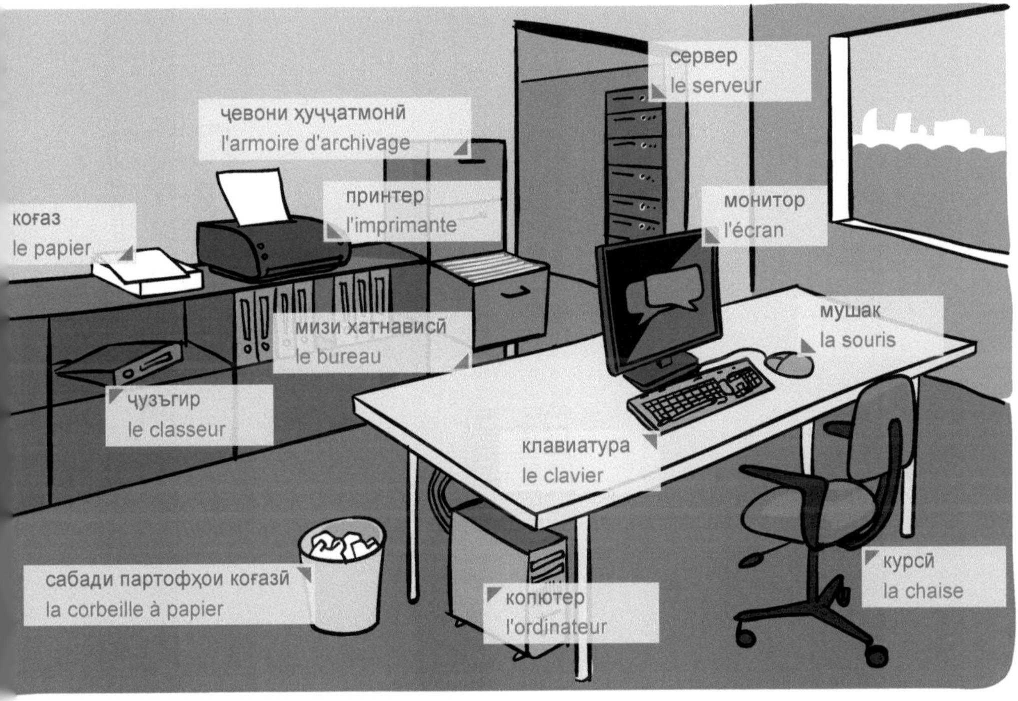

сервер
le serveur

чевони хуҷҷатмонӣ
l'armoire d'archivage

принтер
l'imprimante

монитор
l'écran

коғаз
le papier

мизи хатнависӣ
le bureau

мушак
la souris

чузъгир
le classeur

клавиатура
le clavier

сабади партофҳои коғазӣ
la corbeille à papier

курсӣ
la chaise

копютер
l'ordinateur

кружкаи қаҳванӯшӣ

la tasse de café

калкулятор

la calculatrice

интернет

l'internet

ноутбук

l'ordinateur portable

мактуб

la lettre

хабар

le message

телефони мобилй

le portable

шабака

le réseau

нусхабардор

la photocopieuse

нармафзор

le logiciel

телефон

le téléphone

розетка

la prise

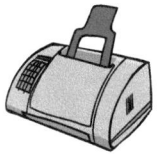

факс

le fax

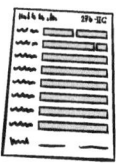

шакл

le formulaire

хуччат

le document

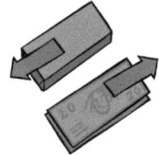

харидан

acheter

пардохт

payer

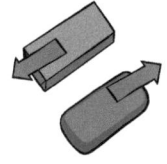

савдо

faire du commerce

пул

la monnaie

доллар

le dollar

евро

l'euro

йен

le yen

рубл

le rouble

франки швейцариягӣ

le franc suisse

юан

le renminbi yuan

рупӣ

la roupie

нуқтаи нақд

le distributeur automatique

нуқтаи мубодилаи асъор

le bureau de change

тилло

l'or

нуқра

l'argent

равғани растанӣ

le pétrole

энерги

l'énergie

нарх

le prix

шартнома

le contrat

андоз

la taxe

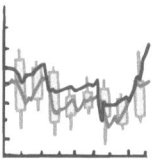

саҳмия

l'action

кор

travailler

хизматчӣ

l'employé

соҳибкор

l'employeur

завод

l'usine

сехи

le magasin

касбҳо
les professions

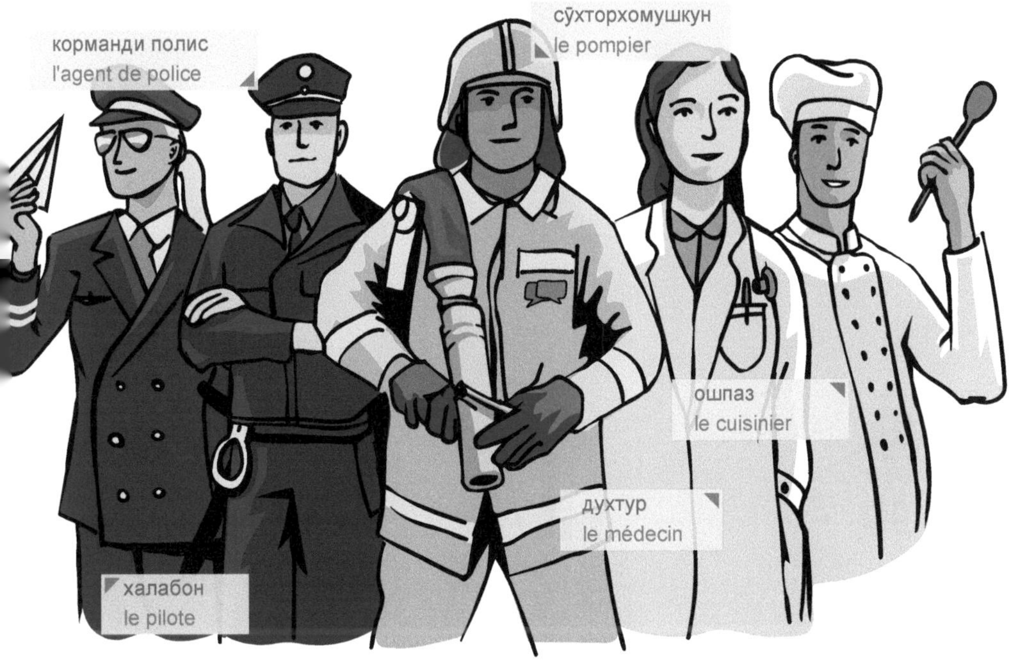
сӯхторхомушкун
le pompier
корманди полис
l'agent de police
ошпаз
le cuisinier
духтур
le médecin
халабон
le pilote

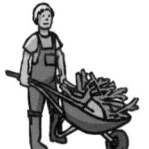

боғбон

le jardinier

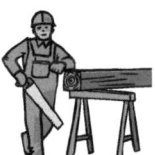

чӯбтарош

le menuisier

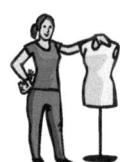

дӯзанда

la couturière

судя

le juge

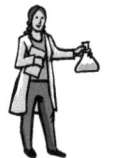

кимиёшинос

le chimiste

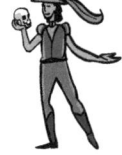

актер

l'acteur

ронандаи автобус

le conducteur de bus

таксист

le chauffeur de taxi

моҳигир

le pêcheur

фаррошзан

la femme de ménage

устои бомпӯш

le couvreur

пешхизмат

le serveur

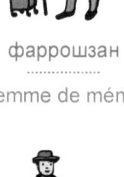

шикорчӣ

le chasseur

расом

le peintre

нонвой

le boulanger

барқ

l'électricien

сохтмончӣ

l'ouvrier

инженер

l'ingénieur

қассоб

le boucher

устои шабакаи об

le plombier

хаткашон

le facteur

сарбоз

le soldat

меъмор

l'architecte

кассир

le caissier

гулфурӯш

le fleuriste

сартарош

le coiffeur

кондуктор

le contrôleur

механик

le mécanicien

капатан

le capitaine

духтури дандон

le dentiste

олим

le scientifique

хохом

le rabbin

имом

l'imam

шайх

le moine

саркоҳин

le prêtre

асбобҳо

les outils

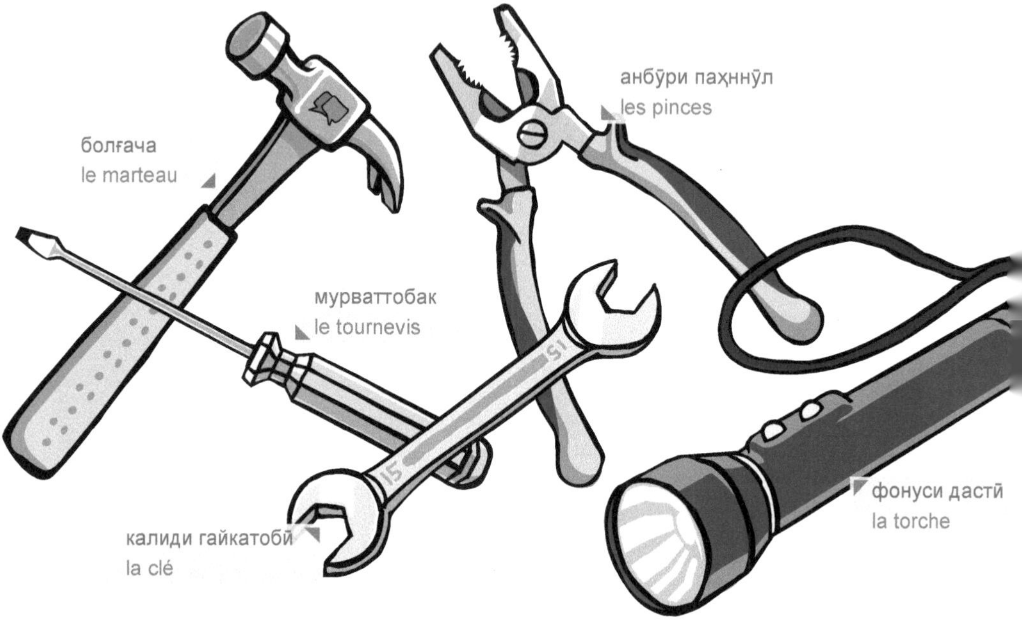
анбӯри паҳннӯл
les pinces
болғача
le marteau
мурваттобак
le tournevis
фонуси дастӣ
la torche
калиди гайкатобӣ
la clé

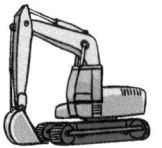

экскаватор

la pelleteuse

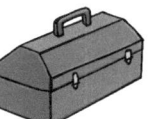

қутии асбобҳо

la boîte à outils

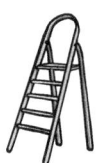

зинапоя

l'échelle

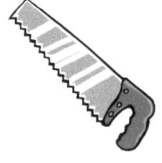

арра

la scie

мехҳо

les clous

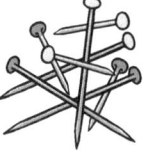

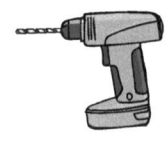

пармаи электрикӣ

la perceuse

таъмир

réparer

бел

la pelle

Сабил монад!

Mince !

белчаи хокрӯбагирӣ

la pelle

сатили ранг

le pot de peinture

мехи печдор

les vis

асбобҳои мусиқӣ
les instruments de musique

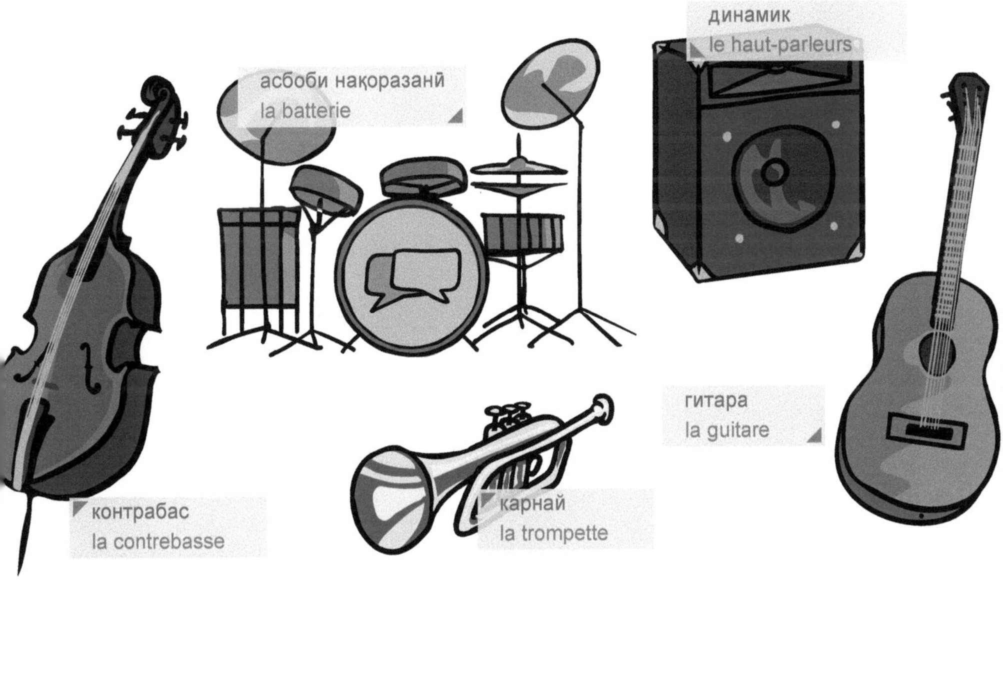

асбоби нақоразанӣ
la batterie

динамик
le haut-parleurs

гитара
la guitare

контрабас
la contrebasse

карнай
la trompette

пианино

le piano

ғиччак

le violon

бас-гитара

la basse

нақораи поядор

les timbales

нақора

le tambour

клавиатура

le piano électrique

саксофон

le saxophone

най

la flûte

баландгӯяд

le microphone

паланг
le tigre

даромад
▶ l'entrée

қафас
la cage

гӯрхар
le zèbre

хӯроки чорво
l'alimentation animale

панда
le panda

ҳайвонот
....
les animaux

фил
....
l'éléphant

кенгуру
....
le kangourou

каркадан
....
le rhinocéros

горилла
....
le gorille

хирси бӯр
....
l'ours

шутур

le chameau

шутурмурғ

l'autruche

шер

le lion

маймун

le singe

бутимор

le flamand rose

тӯти

le perroquet

хирси сафед

l'ours polaire

пингвин

le pingouin

наҳанг

le requin

товус

le paon

мор

le serpent

тимсоҳ

le crocodile

посбон

le gardien de zoo

сил

le phoque

ягуар

le jaguar

аспи кӯтоҳқад

le poney

леопард

le léopard

баҳмут

l'hippopotame

заррофа

la girafe

уқоб

l'aigle

хуки ваҳшӣ

le sanglier

моҳӣ

le poisson

сангпушт

la tortue

морж

le morse

рӯбоҳ

le renard

ғизол/оху

la gazelle

les sports

футболи амрикои
l'american Football

велосипедронӣ
le cyclisme

теннис
le tennis

баскетбол
le basket-ball

шиноварӣ
la natation

хоккей
le hockey sur glace

бокс
la boxe

футбол
le football

бадмингтон
le badminton

атлетика
l'athlétisme

гандбол
le handball

лижаронӣ
le ski

тӯббозӣ бо асп
le polo

фаъолият
les activités

ханда
rire
паридан
sauter
оғӯш гирифтан
embrasser
пиёда рафтан
marcher
шеър хондан
chanter
орзӯ кардан
rêver
ибодат кардан
prier
бӯса кардан
faire la bise

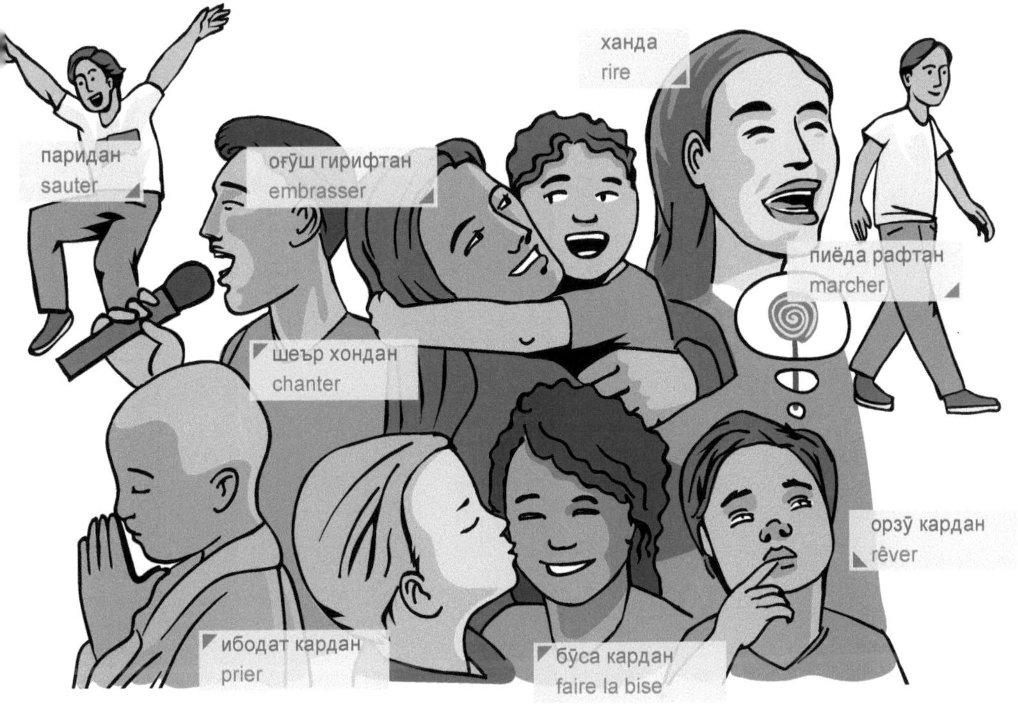

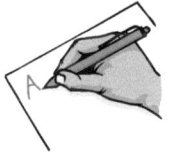

навиштан

écrire

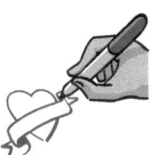

кашидан

dessiner

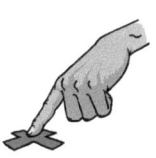

нишон додан

montrer

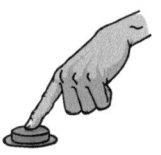

тела додан

pousser

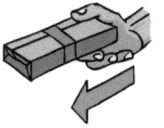

додан

donner

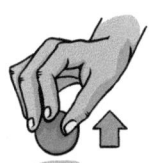

гирифтан

prendre

доранд

avoir

кор

faire

бошад

être

истодан

être debout

давидан

courir

кашидан

trier

партофтан

jeter

афтидан

tomber

дароз кашидан

être couché

интизор шудан

attendre

бардошта бурдан

porter

нишастан

être assis

либос пӯшидан

s'habiller

хобин

dormir

бедор шудан

se réveiller

фаъолият - les activités

нигоҳ кардан

regarder

гиря кардан

pleurer

сила кардан

caresser

шона

peigner

гап задан

parler

фаҳмидан

comprendre

пурсидан

demander

гӯш кардан

écouter

нӯштдан

boire

хӯрдан

manger

ғундоштан

ranger

ишқ

aimer

ошпаз

cuire

рондан

conduire

парвоз кардан

voler

бо бодбон ҳаракат кардан

faire de la voile

ҳисоб кардан

calculer

хондан

lire

омӯхтан

apprendre

кор

travailler

оиладор шудан

se marier

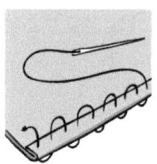

дӯхтан

coudre

дадон шӯстан

brosser les dents

куштан

tuer

дуд

fumer

фиристодан

envoyer

оила

la famille

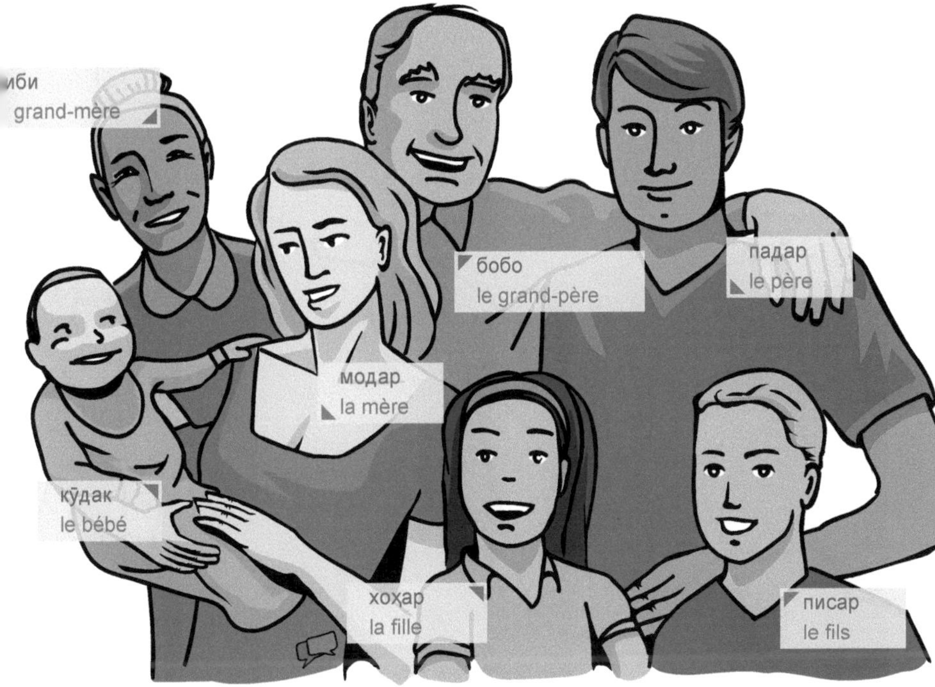

иби
grand-mère
бобо
le grand-père
падар
le père
модар
la mère
кӯдак
le bébé
хоҳар
la fille
писар
le fils

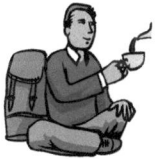

меҳмон

l'hôte

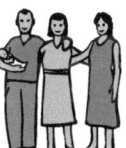

хола

la tante

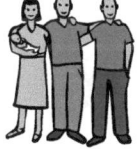

амак

l'oncle

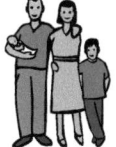

бародар

le frère

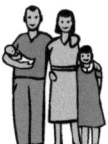

хоҳар

la sœur

бадан
le corps

пешонӣ
le front
чашм
l'œil
китф
l'épaule
ангушт
le doigt
рӯй
le visage
манаҳ
le menton
панҷаи даст
la main
пой
la jambe
қафаси сина
la poitrine
даст
le bras

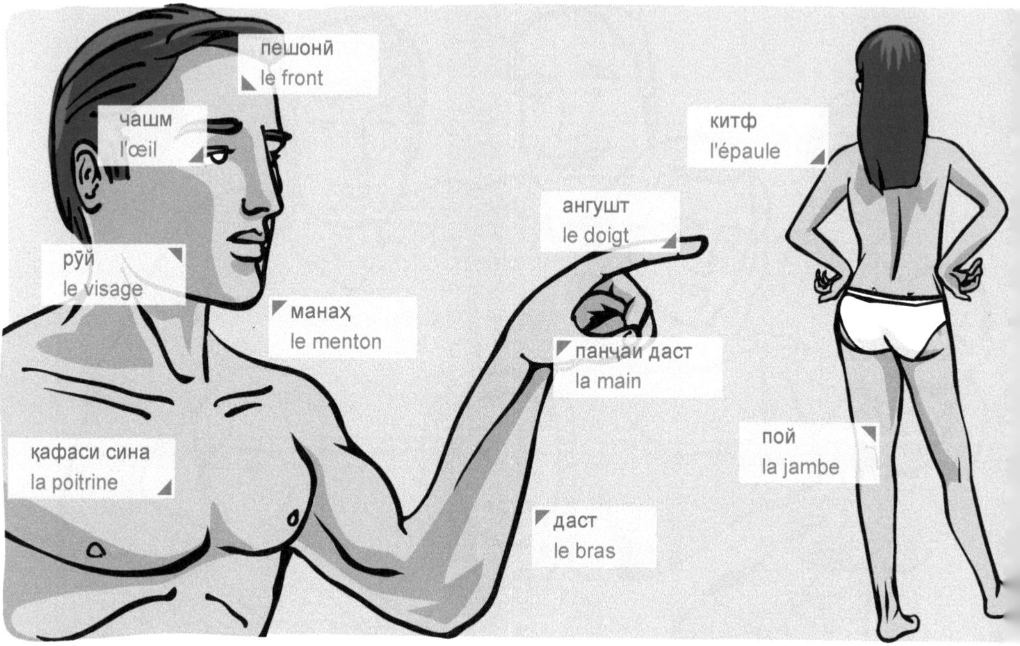

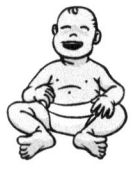

кӯдак

le bébé

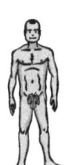

мард

l'homme

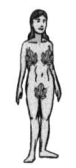

зан

la femme

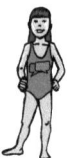

духтар

la fille

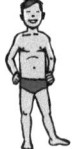

писар

le garçon

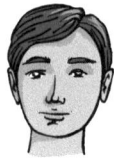

сар

la tête

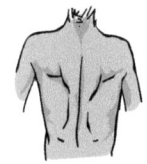

пушт

le dos

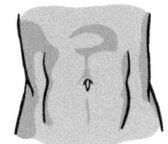

шикам

le ventre

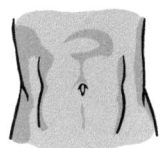

ноф

le nombril

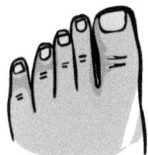

ангушти пой

l'orteil

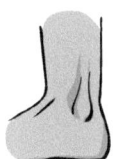

пошнаи пой

le talon

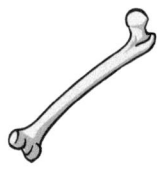

устухон

l'os

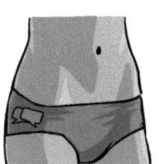

рон

la hanche

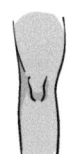

зону

le genou

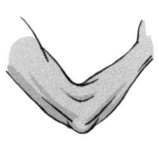

оринҷ

le coude

бинй

le nez

таг

les fesses

пӯст

la peau

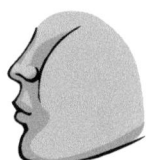

рухсора

la joue

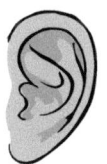

гӯш

l'oreille

лаб

la lèvre

даҳон

la bouche

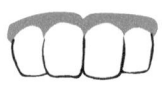

дадон

la dent

забон

la langue

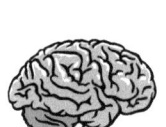

майнаи сар

le cerveau

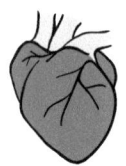

дил

le cœur

мушак

le muscle

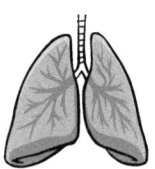

шуш

les poumons

ҷигар

le foie

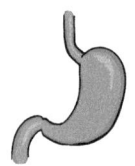

меъда

l'estomac

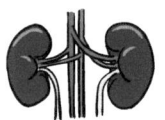

гурдаҳо

les reins

алоқаи ҷинсӣ

le rapport sexuel

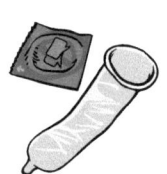

рифола

le préservatif

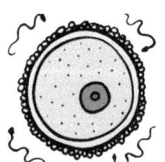

тухмхуҷайра

l'ovule

нутфа

le sperme

ҳомиладорӣ

la grossesse

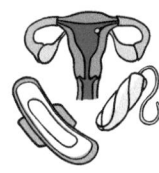

ҳайз

la menstruation

маҳбал

le vagin

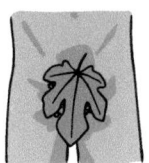

кер

le pénis

абрӯ

le sourcil

мӯй

les cheveux

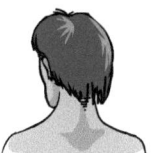

гардан

le cou

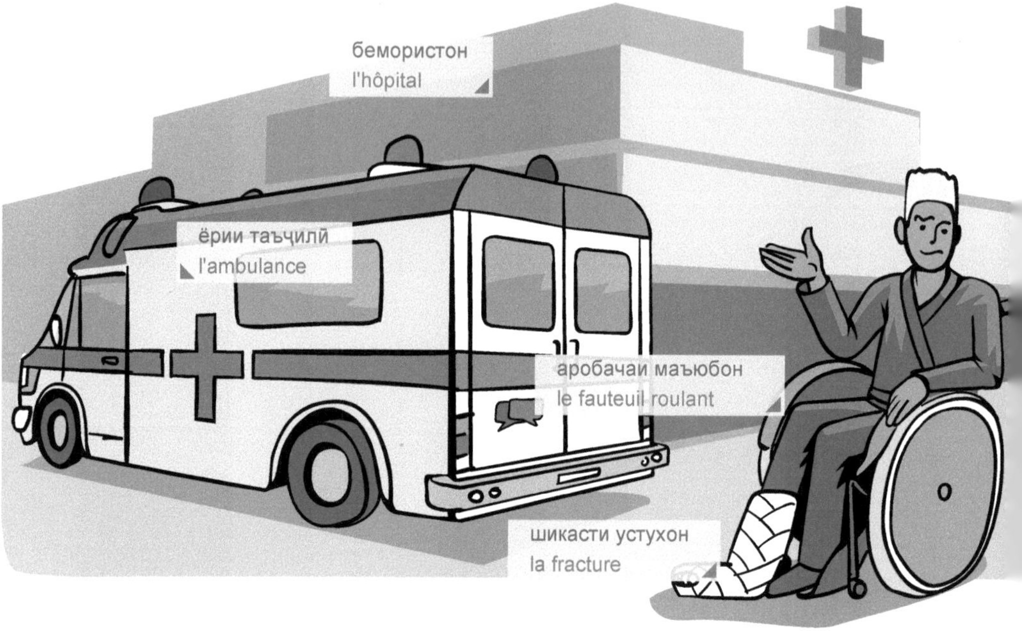

бемористон
l'hôpital

бемористон
l'hôpital
ёрии таъҷилӣ
l'ambulance
аробачаи маъюбон
le fauteuil roulant
шикасти устухон
la fracture

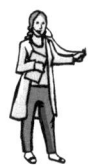

духтур

le médecin

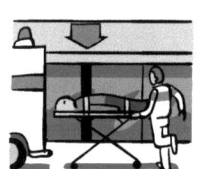

ҳуҷраи ёрии фаврӣ

le service des urgences

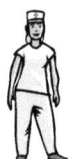

ҳамшираи тиббӣ

l'infirmière

ҳолати фавқулодда

l'urgence

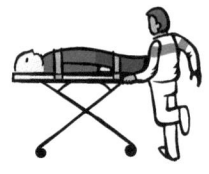

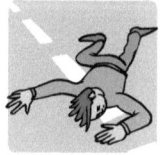

беҳуш

inconscient

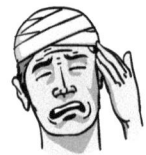

дард

la douleur

чароҳат

la blessure

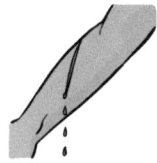

хунравй

l'hémorragie

дилзанак

la crise cardiaque

сактаи майна

l'attaque cérébrale

аллергия

l'allergie

сулфа

la toux

табларза

la fièvre

грипп

la grippe

шикамравй

la diarrhée

сардард

le mal de tête

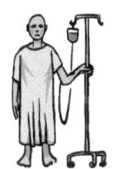

саратон

le cancer

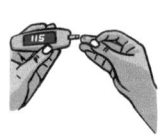

диабет

le diabète

чарроҳ

le chirurgien

скалпел

le scalpel

чарроҳй

l'opération

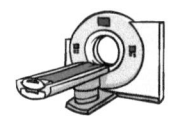

Томографияи компютерӣ

le CT

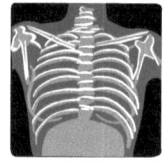

шӯъои ренгенӣ

la radiographie

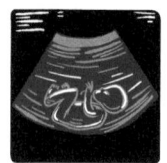

ултрасадо

l'échographie

ниқоби рӯй

le masque

беморӣ

la maladie

ҳуҷраи интизорӣ

la salle d'attente

асобағал

la béquille

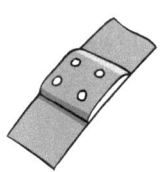

марҳам

le pansement

дока

le pansement

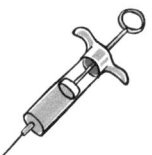

сӯзандору

l'injection

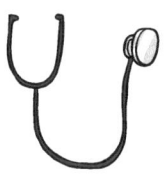

стетоскоп

le stéthoscope

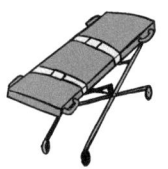

занбар

le brancard

ҳароратсанҷ

le thermomètre

таваллуд

l'accouchement

вазни зиёдатӣ

la surcharge pondérale

тачхизоти шунавой

l'appareil auditif

моддаи безараргардонй

le désinfectant

инфексия

l'infection

вирус

le virus

ВИЧ / СПИД

le VIH / le sida

дору

le médicament

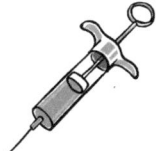

ваксинатсия

la vaccination

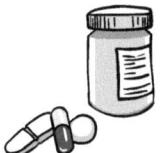

хабхо

les comprimés

хаб

la pilule

занги изтирорй

l'appel d'urgence

монитори фишори хун

le tensiomètre

бемор/солим

malade / sain

Кумак!

Au secours !

ҳушдор

l'alarme

ҳучум

l'assaut

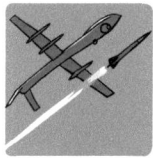

ҳамла

l'attaque

хатар

le danger

баромадгоҳи таҳлиявӣ

la sortie de secours

Сӯхтор!

Au feu!

оташнишон

l'extincteur

садама

l'accident

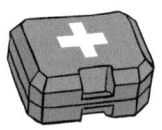

дорукуттӣ

la trousse de premier secours

бонги хатар

SOS

полис

la police

Аврупо

l'Europe

Америкаи Шимолӣ

l'Amérique du Nord

Америкаи Ҷанубӣ

l'Amérique du Sud

Африка

l'Afrique

Осиё

l'Asie

Австралия

l'Australie

Уқёнуси Атлантик

l'Océan atlantique

Уқёнуси Ором

l'Océan pacifique

Уқёнуси Ҳинд

l'Océan indien

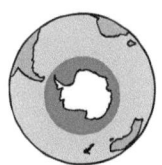

Уқёнуси Антарктика

l'Océan antarctique

Уқёнуси Арктика

l'Océan arctique

Қутби шимол

le Pôle nord

Қутби ҷануб

le Pôle sud

Антарктика

l'Antarctique

замин

la terre

замин

le pays

баҳр

la mer

ҷазира

l'île

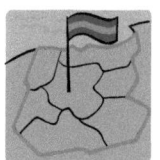

миллат

la nation

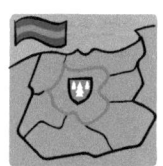

давлат

l'état

сиферблат

le cadran

ақрабаки соат

l'aiguille des heures

ақрабаки дақиқашумор

l'aiguille des minutes

ақрабаки сонияшумор

l'aiguille des secondes

Соат чанд?

Quelle heure est-il ?

рӯз

le jour

замон

le temps

ҳозир

maintenant

соати электронӣ

la montre digitale

лаҳза

la minute

соат

l'heure

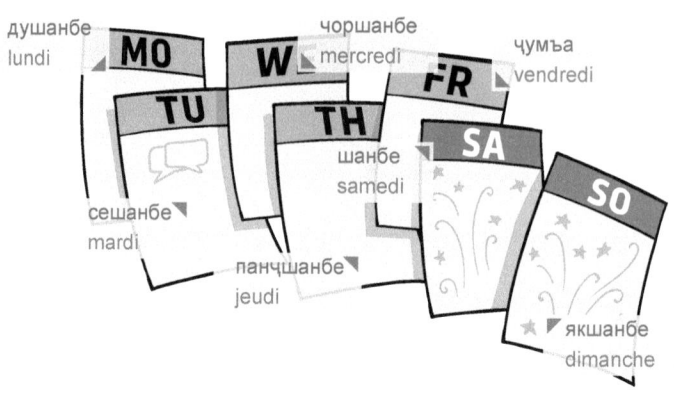

душанбе / lundi
чоршанбе / mercredi
ҷумъа / vendredi
сешанбе / mardi
шанбе / samedi
панҷшанбе / jeudi
якшанбе / dimanche

дирӯз

hier

имрӯз

aujourd'hui

фардо

demain

пагоҳирӯзӣ

le matin

нимрӯз

le midi

шом

le soir

MO	TU	WE	TH	FR	SA	SU
1	2	3	4	5	6	7
8	9	10	11	12	13	14
15	16	17	18	19	20	21
22	23	24	25	26	27	28
29	30	31	1	2	3	4

рӯзҳои корӣ

les jours ouvrables

MO	TU	WE	TH	FR	SA	SU
1	2	3	4	5	6	7
8	9	10	11	12	13	14
15	16	17	18	19	20	21
22	23	24	25	26	27	28
29	30	31	1	2	3	4

истироҳат

le week-end

сол
l'année

борон
la pluie
рангинкамон
l'arc-en-ciel
барф
la neige
шамол
le vent
баҳор
le printemps
тирамоҳ
l'automne
тобистон
l'été
зимистон
l'hiver

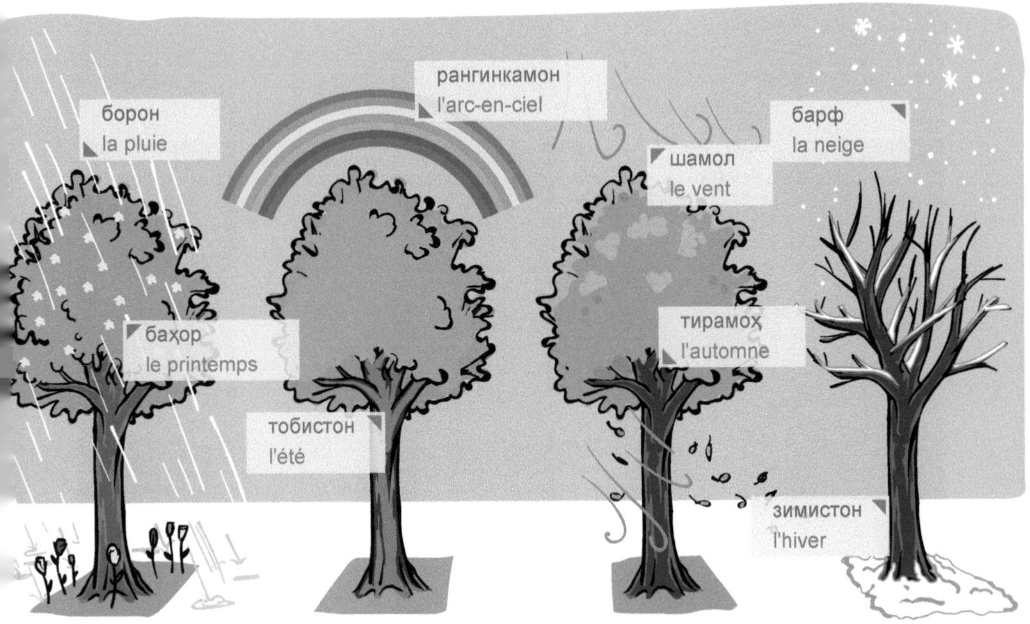

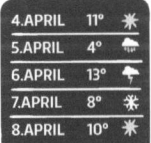

4.APRIL 11°
5.APRIL 4°
6.APRIL 13°
7.APRIL 8°
8.APRIL 10°

Обу ҳаво
....
la météo

F C
120 40
90 30
60 20
30 10
0 0
-30 -10
-20

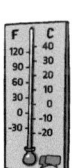

ҳароратсанҷ
....
le thermomètre

равшании офтоб
....
la lumière du soleil

абр
....
le nuage

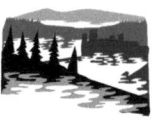

туман
....
le brouillard

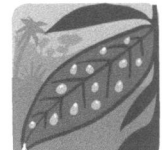

намнок
....
l'humidité

барқ

la foudre

тундар

la tonnerre

тӯфон

la tempête

жола

la grêle

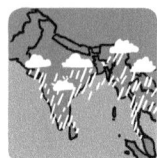

муссон

la mousson

обхезӣ

l'inondation

ях

la glace

январ

janvier

феврал

février

март

mars

апрел

avril

май

mai

июн

juin

июл

juillet

август

août

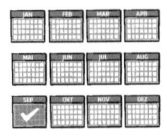

сентябр
....
septembre

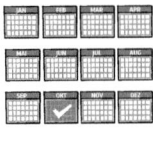

октябр
....
octobre

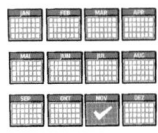

ноябр
....
novembre

декабр
....
décembre

давра
....
le cercle

мураббаъ
....
le carré

росткунья
....
le rectangle

секунья
....
le triangle

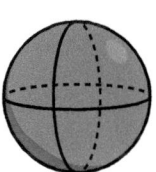

соњаи
....
la sphère

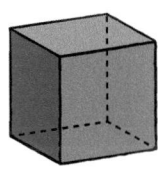

мукааб
....
le cube

гулобӣ

blanc

хокистаранг

jaune

зард

orange

бунафшранг

rose

сурх

rouge

қаҳваранг

violet

кабуд

bleu

сиёҳ

vert

кабуд

marron

сафед

gris

сабз

noir

бисёр/кам

beaucoup / peu

хашмгин / ором

fâché / calme

зебо/безеб

joli / laid

оғози / охири

le début / la fin

калон/хурд

grand / petit

дурахшон / торик

clair / obscure

бародари / хоҳар

frère / soeur

тоза/чиркин

propre / sale

пурра / нопурра

complet / incomplet

рӯзи / шаб

le jour / la nuit

мурдагон / зинда

mort / vivant

кушод/танг

large / étroit

хӯрданӣ /
хӯрданашаванда
comestible / incomestible

бад/нек

méchant / gentil

ба ҳаяҷон / дилгир

excité / ennuyé

ғавс/борик

gros / mince

якум/охирин

le premier / le dernier

Дӯсти / душмани

l'ami / l'ennemi

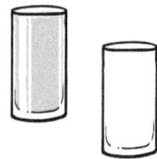

пур/холӣ

plein / vide

сахт/мулоим

dur / souple

вазнин/сабук

lourd / léger

гуруснагӣ / ташнагӣ

faim / soif

бемор/солим

malade / sain

ғайриқонунӣ / ҳуқуқӣ

illégal / légal

соҳибақл / беақл

intelligent / stupide

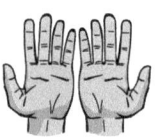

рост/чап

gauche / droite

наздик/дур

proche / loin

нави / истифода бурда
мешавад

nouveau / usé

ҳеҷ / чизе

rien / quelque chose

пир/ҷавон

vieux / jeune

оид / хомӯш

marche / arrêt

кушода/пӯшида

ouvert / fermé

паст/баланд

faible / fort

бой/камбағал

riche / pauvre

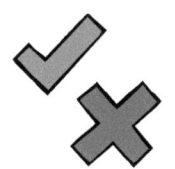

дуруст/нодуруст

correct / incorrect

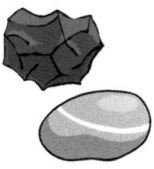

дурушт/ҳамвор

rugueux / lisse

ғамгин/хушбахт

triste / heureux

кӯтох/дароз

court / long

оҳиста/тез

lent / rapide

тар/хушк

mouillé / sec

гарм / сард

chaud / froid

ҷанг / сулҳ

la guerre / la paix

0

нол

zéro

1

як

un / une

2

ду

deux

3

се

trois

4

чор

quatre

5

панҷ

cinq

6

шаш

six

7

ҳафт

sept

8

ҳашт

huit

9

нӯҳ

neuf

10

даҳ

dix

11

ёздаҳ

onze

12
дувоздаҳ
douze

13
сенздаҳ
treize

14
чордаҳ
quatorze

15
понздаҳ
quinze

16
шонздаҳ
seize

17
ҳабдаҳ
dix-sept

18
ҳаждаҳ
dix-huit

19
нуздаҳ
dix-neuf

20
бист
vingt

100
сад
cent

1.000
ҳазор
mille

1.000.000
миллион
le million

англисӣ

l'anglais

англисии амрикой

l'anglais américain

мандарини хитой

le chinois mandarin

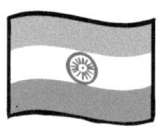

ҳиндӣ

le hindi

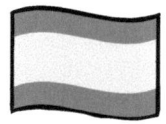

испанӣ

l'espagnol

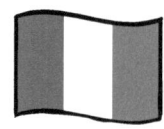

форонсавӣ

le français

арабӣ

l'arabe

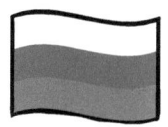

русӣ

le russe

португалӣ

le portugais

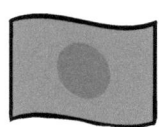

бенгалӣ

le bengali

олмонӣ

l'allemand

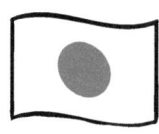

чопонӣ

le japonais

ман

je

шумо

tu

Ӯ / вай / он

il / elle / ce, c', cela

мо

nous

шумо

vous

онҳо

ils / elles

ки?

Qui ?

чй?

Quoi ?

Чй хел?

Comment ?

дар кучо?

Où ?

кай?

Quand ?

ном

le nom

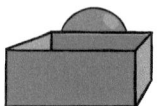

аз паси

derrière

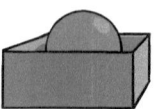

дар

dans

дар пеши

devant

дар болои

au-dessus

дар рӯи

sur

дар зери

en-dessous

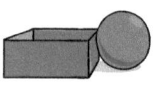

дар назди

à côté de

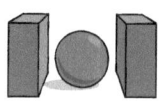

миёни

entre

чой

le lieu